Ki-Phi und das Geheimnis des friedvollen Walds

Sabine Kneitz

SABINE KNEITZ

Ki-Phi

UND DAS GEHEIMNIS DES FRIEDVOLLEN WALDS

IMPRESSUM

Bibliografische Information der Deutschen Nationalbibliothek: Die Deutsche Nationalbibliothek verzeichnet diese Publikation in der Deutschen Nationalbibliografie; detaillierte bibliografische Daten sind im Internet über dnb.dnb.de abrufbar.

Titelbild: Kenneth Bird
Grafik: struvictory/ Shutterstock.com
Satz, Umschlaggestaltung, Herstellung und Verlag:
BoD – Books on Demand, Norderstedt

ISBN: 978-3-7494-9896-3

Inhalt

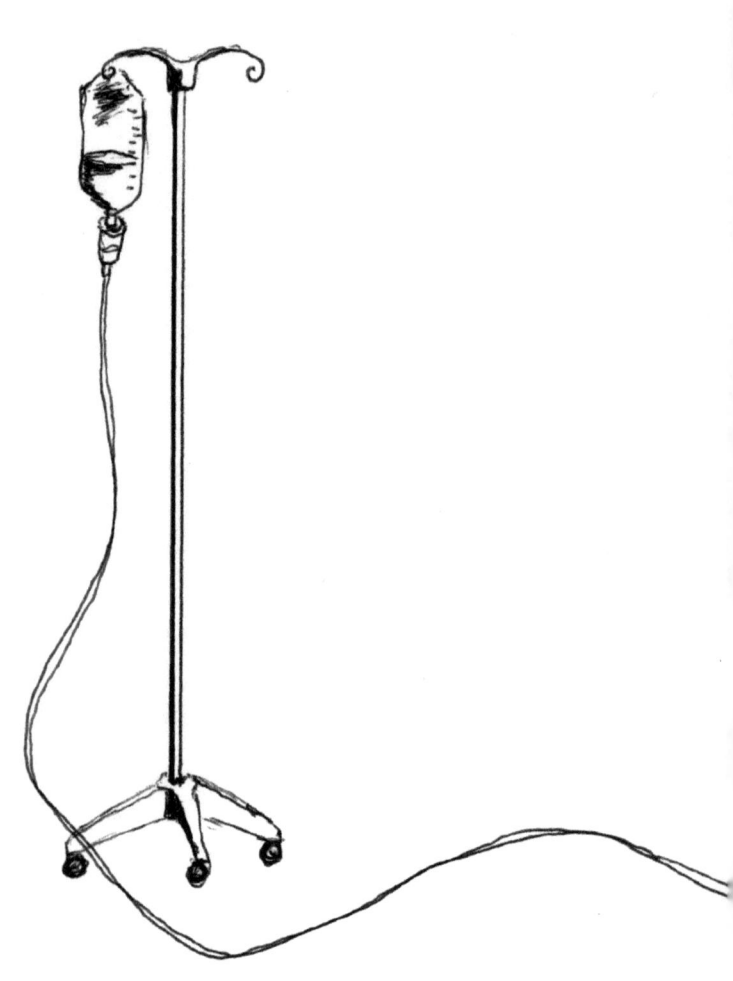

Prolog

Warum kratzt man sich eigentlich am Kopf oder zupft sich am Ohrläppchen, wenn man überlegt und nachdenkt? Ich bohrte manchmal sogar in der Nase, und das finde ich im Nachhinein auch wieder ekelig. Was mich aber brennend interessiert, ist an den Anfang meiner ersten Erinnerungen zu gelangen. Was war mein erster Gedanke? Wann habe ich angefangen, eigenständig zu denken? Warum vergisst man das, oder wieso kann ich es in meinem Gehirn nicht mehr finden? Manchmal mischen sich meine eigenen inneren Bilder mit Gedanken und Geschichten von anderen. Das sind die Erzählungen, in denen sie von mir berichten, die sich dann automatisch in meinem Kopf abspielen, als würde ich mir selbst dabei zusehen. Das macht Spaß, und ich höre besonders gerne meiner Oma Anni zu, wenn sie etwas von uns Kindern erzählt. Ich weiß nicht mehr genau, wann ich das erste Mal wusste, dass ich einen Cousin habe. Einen Cousin zu bekommen ist ja nicht so sensationell wie einen kleinen Bruder oder eine kleine Schwester. Doch in unserer Familie ist das anders.

An einem heißen Augusttag war das Baby von Tante Julia auf die Welt gekommen. Meine Mama lief damals mit dem Telefon am Ohr nervös in der Küche auf und ab. Schließlich jubelte sie und machte ein paar Luftsprünge. Es war ein Junge. Wir wollten so schnell wie möglich zu ihr fahren, doch wir wohnten leider viel zu viele Kilometer voneinander weg. Drei Jahre war ich damals alt. Da ahnte noch keiner etwas von der Krankheit meines Cousins.

Ich kann mich an die ersten Besuche auch nicht mehr wirklich erinnern, und es sollte noch viel schlimmer kommen. Es dauerte drei unendlich lange Jahre, bis ich mit Philipp das erste Mal spielen konnte. Das lag nicht nur an der Entfernung, sondern an der Mukoviszidose, auch cystische Fibrose genannt – eine Krankheit, die zuerst nicht sichtbar war und doch von Anfang an in ihm steckte. Diese Krankheit stellte das bisher normale Leben meiner ganzen Familie auf den Kopf. Wie war das Leben vor Philipps Geburt gewesen? Ich erinnere mich nicht mehr daran. Was habe ich gespielt, bevor ich mit ihm spielte? Wann besuchte ich Oma Anni ohne Philipp? Komisch, vielleicht war ich auch einfach nur zu jung und zu klein. Ich kann mich zum Beispiel gar nicht mehr an Tante Julia ohne Philipp erinnern. Ich wusste erst recht nichts mehr über Philipps Vater, der kurz nach seiner Geburt verschwunden war. Es gab aus dieser Zeit einige Bilder von Philipp, die ich immer wieder mal betrachte. Ich frage mich, wer er war, was er wohl gerade fühlte, ob er Angst hatte und wie es in seiner kleinen Welt wohl aussehen mochte. Wusste so ein kleiner Kerl, dass etwas mit ihm nicht stimmte? Ein Baby, das seine Welt erkundete, seine eigenen Ärmchen und Beinchen betrachtete und den Mund aufmachte, weil es Hunger hatte. Ich konnte den Namen seiner Krankheit lange Zeit nicht richtig aussprechen. Mama meinte, es ist eine Krankheit, die von beiden Eltern auf ihn übertragen worden ist, obwohl beide selbst nicht daran erkrankt sind. Das kapieren ja nicht mal die Erwachsenen und dennoch gibt es so etwas. Philipp hat sehr viel Schleim in seinem Körper und deswegen muss er oft husten und inhalieren, oder bekommt eine Lungenentzündung. Der Schleim ist auch in seinem Bauch und manchmal hat er Bauchweh und gar keinen Hunger. Er muss gut aufpassen, dass er sich bei anderen nicht ansteckt, denn Bakterien und Viren können für ihn sehr gefährlich werden. Deswegen bekommt er mehr Medikamente als gesunde Kinder, und dann ist er auch immer wieder mal in Kliniken und bei der Therapie.

Ich weiß noch genau, als ich meine Mama einmal in der Küche sitzen sah, zusammengekauert mit ihrer Lieblingskuscheldecke, die mit den mintfarbigen kleinen Bällen, die aussehen als würden sie gleich aus dem kuscheligen Weich herausspringen und quer durchs ganze Zimmer fliegen. Das habe ich mir zumindest immer so vorgestellt. Sie starrte damals auf das Foto mit dem kleinen Jungen im Krankenhaus, der an etliche Schläuche angeschlossen in einem kleinen Bettchen lag. Ich sah die Angst und Sorge in ihren Augen und drückte mich dicht an sie. Sie küsste mich auf die Stirn und da wusste ich, es würde alles gut werden, egal was war. Ich mochte diesen kleinen Cousin mit seiner lebensbedrohlichen Krankheit von Anfang an. „Da dürfen Kinder leider nicht mit rein", bekam ich ständig zu hören, als Philipp wieder einmal in irgendeiner Klinik lag. Meine Mutter fuhr die erste Zeit oft allein zu Tante Julia nach München. Die beiden sind Schwestern und haben sich sehr gern. Philipp bekam viel Medizin und musste regelmäßig zu Kontrollen. Das Schlimmste für Tante Julia waren Entscheidungen, die sie allein treffen musste, und was hätte sie ohne meine Mama machen sollen? Zusammen mit Oma Anni sind sie das Dreamteam für Philipp! Ich durfte in dieser Zeit immer wieder meine Großeltern nahe den Bergen besuchen. Ich ging noch nicht zur Schule und konnte bleiben, so lange ich wollte. Meine Großeltern erfüllten sich mit einem alten Bauernhof einen Lebenstraum. Der Hof, den beide gekauft und umgebaut hatten, liegt auf einem kleinen Hügel mit weitem Blick auf die nahe Bergkette. Opa Günther zeichnet Häuser für andere Menschen. Er ist Architekt und muss hin und wieder nach München in die Firma, in der auch Tante Julia arbeitet. Meistens arbeitet er aber von seinem Büro aus. Oma Anni kümmert sich um ihre Feriengäste, macht die Betten und das leckerste Frühstück.

Eidechsen glück

KAPITEL 1

Die kleinen Steine knirschten unter den Reifen unseres Autos, als wir in den Hof einfuhren. Oma Anni winkte uns vom Balkon aus zu, und ich konnte es kaum erwarten auszusteigen. Es standen noch andere Fahrzeuge im Hof, und an den Kennzeichen konnte ich erkennen, dass Feriengäste da waren. Ich steuerte sogleich die steile Außentreppe zum Balkon an und zog meinen Reisekoffer polternd hinter mir her. Es war eine aufregende Zeit für mich. Ich war stolze sechs Jahre alt und würde bald in die Schule kommen. Oben angekommen, blieb ich wie angewurzelt an der Treppe stehen.

Am Eingang von Omas Tür stand ein kleiner Junge, der gerade dabei war, mit nackigen Füßchen die roten Gummistiefel anzuziehen. Ich kannte die roten Gummistiefel. Oma hielt diese und einige

12

andere Exemplare in verschiedenen Größen für alle Kinder und Feriengäste bereit, die bei ihr zu Besuch waren und gerade welche brauchten. Mir passten die roten schon lange nicht mehr. Und dieser Junge, das ahnte ich gleich, war kein Kind von Pensionsgästen.

Er sah mich neugierig an und lächelte schüchtern. Einzelne blonde Haarsträhnen standen wild in verschiedene Richtungen von seinem Kopf ab. Mama kam keuchend hinter mir her. Als er sie erblickte, flogen seine dünnen Arme vor Freude in die Höhe. Sie kniete sich nieder, und dieser kleine Junge lief ihr lachend in die Arme. Ich sah staunend von einem zum anderen. Mein Mund ging gar nicht mehr zu, und irgendwie wurden meine Beine weich wie Butter. *Es gibt ihn also wirklich*, dachte ich damals völlig töricht. Oma Annis Augen glitzerten merkwürdig. Sie lachte Mama entgegen und wischte sich ein paar Tränen ab, die ihr über die Wangen kullerten. Philipp und ich standen uns einfach nur gegenüber und betrachteten uns. Er war klein, viel kleiner als ich dachte, und schmal. Seine blauen Augen blitzten schelmisch. Das passte zu seinen Haaren. Es war Mitte Juni, doch er steckte in einem langärmligen Shirt und einer kurzen Hose, die ihm viel zu groß war und bis über die Knie reichte. Das sah mit den roten Gummistiefeln einfach zu witzig

aus. Der kleine Kerl zeigte mit seinem rechten Zeigefinger auf mich und rief laut und schallend: „Kimi!".

Ich hatte wahrscheinlich ein sehr verdutztes
Gesicht gemacht, so verdutzt, dass wir alle gleichzeitig losprusteten. Dabei war dieses Lachen das
schönste Lachen überhaupt! Es sprengte in dieser
einzigen Sekunde all die Zeit, die wir uns noch
nicht begegnet waren und eigentlich schon voneinander wussten.

In Omas Stube roch es köstlich nach frisch
gebackenem Apfelkuchen und Kaffee. Die Überraschung, endlich meinen Cousin nicht nur zu
sehen, sondern auch mit ihm spielen zu können,
war absolut gelungen. Besser, als immer nur hin-
gehalten zu werden. Es dauerte auch nicht lange
und wir wollten nach draußen gehen.

Opa Günther hatte kurz nach ihrem Einzug eine
uralte Steinmauer direkt neben dem Haus entdeckt.
Er legte sie fast vollständig frei und machte dort
einen schönen eigenen Terrassenplatz. Die Steinmauer stammte wohl von dem früheren Bauern-
haus, das vorher auf dem Hügel gestanden haben
musste, und Opa schätzte sie auf über 500 Jahre.
Auf dieser Steinmauer sonnen sich zuweilen auch
Eidechsen, die man gut beobachten kann, wenn
man vorsichtig genug ist und stillhält. Wir spielten
mit kleinen Ästen, Kieselsteinen und Sandförmchen,

gaben Prisen von Quarzsand hinein und zierten mit zarten rosaweißen Gänseblümchenblättern unsere Sandkuchen.

Da entdeckte Philipp eine Eidechse. „Schau mal!" Ganz erstaunt und ehrfürchtig hielt er das kleine Tier in beiden Händen. Das konnte doch nicht sein! Regelmäßig schlüpften die scheuen Tiere zwischen die Ritzen der Steine oder flüchteten bei der geringsten Bewegung. Philipp blieb ganz gelassen in der Hocke und blickte auf das Tier in seinen Händen. Es lag ruhig da und bewegte sich nicht. Ich kam vorsichtig näher. Die Augen der Eidechse waren das Einzige, was sich unruhig zeigte. Das kleine Tier atmete schnell. Die Echsenarme waren dicht an den Körper herangezogen und eine Kralle war so lang, dass ich zuerst nur darauf starren konnte.

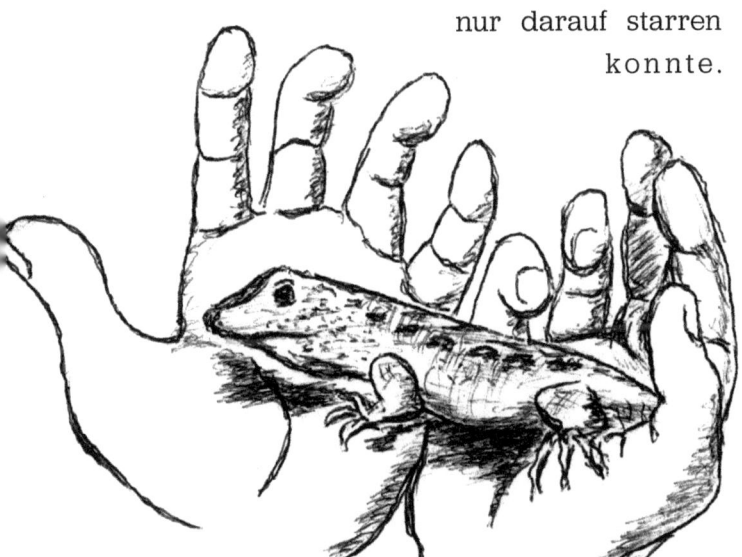

Das grün-grau gestreifte Muster fiel mir als Nächstes auf. An der Seite zeigten sich hellgrüne Streifen.

„Was habt ihr denn da?", fragte Oma Anni und staunte ebenso wie wir über Philipps Fund.

„Vielleicht hat sie gerade geschlafen?", überlegte ich.

Oma Anni und Mama schauten sich grübelnd an. „Das ist jedenfalls nicht normal. Seht nur, sie hat keinen Schwanz mehr", meinte Mama.

Philipp lockerte seine Hände etwas. Die Eidechse hatte sich richtig bei ihm festgesogen.

„Darf ich auch mal halten?", fragte ich.

Philipp legte seine Hände in meine, aber die Eidechse wollte nicht loslassen. Sie blieb wie angeklebt in seinen Händen. „Ist die Eidechse krank?", fragte Philipp. „So wie ich?" Philipps Frage hing in der Luft und keiner wusste darauf eine Antwort.

„Der Körper ist warm und weich", stellte ich fest, als ich ihr sanft über den Rücken strich. „Wir könnten ein Eidechsenlager bauen? Was meinst du? Auf der anderen Seite der Mauer, da ist es schön sonnig und warm", meinte ich.

Philipp sah sich um. „Das ist eine gute Idee!" Er setzte sich gleich an den sonnigen Hang.

Ich streifte nach rechts in den Wald hinein und holte Moos und Tannenzapfen.

„Die Eidechse heißt Siga", erzählte Philipp, als ich zurückkkam.

Sorgfältig brachte ich das Moos an der Rückwand der Mauer an und grenzte es mit Tannenzapfen ab. „Ein schöner Name", stellte ich zufrieden fest, und wir freuten uns über das schöne Lager, das ich für Siga gebaut hatte. Wir saßen noch eine ganze Weile da und betrachteten das Tier. „Darf ich noch mal versuchen ihn zu nehmen?", fragte ich und Philipp nickte. Vorsichtig bohrte ich meinen Zeigefinger und Daumen um den Körper der Eidechse und siehe da, sie ließ los und ich hielt sie in meiner Hand.

Philipp ging noch mal los und holte Quarzsand, welchen er wie einen kleinen Weg um die Tannenzapfen legte. Er entdeckte kleine Walderdbeeren, die er abpflückte und auf das Moos setzte.

Oma Anni lugte irgendwann über den Steinmauerrand zu uns runter. „Na, ihr zwei? Wollt ihr kein Abendbrot? Es ist schon spät. Opa ist auch schon da."

So mussten wir uns von Siga verabschieden und setzten die Eidechse in das grüne Bett aus Moos neben die kleinen Walderdbeeren.

Opa Günther hörte uns aufmerksam zu, als wir von Siga erzählten und meinte, es könnte eine Zauneidechse gewesen sein. Auch Waldeidechsen seien hier nahe der Berge zu Hause.

Die Eidechse war nicht mehr da, als wir sie ihm zeigen wollten. Es machte uns ein wenig traurig. Doch die Freude, dass Siga sich fortbewegt hatte, wie Eidechsen das eben tun, ließ uns hoffen, dass es ihr gut gehen würde und sie irgendwo da draußen überlebte.

Neben der Eckbank in der Pensionsküche stand ein kleiner Tisch, extra für uns Kinder. Da lagen allerlei Malsachen, Puzzles und Spiele. Ich schnappte mir Papier und Stifte und malte die Eidechse.

Philipp sah mir zu und reichte mir die passenden Farben.

„Wunderschön", strahlte Oma, als sie das fertige Bild sah. Mit zwei Magneten schmückte das Bild zunächst den großen Kühlschrank.

Die nächsten Tage spielten wir oft miteinander auf der Terrasse und am Waldrand. Immer wieder suchten wir nach Siga. Einmal meinten wir die Eidechse zu entdecken. Doch sie war so schnell und flink wieder verschwunden, wie sie aufgetaucht war. Am vorletzten Tag sahen wir zusammen mit Opa eine große grünblaue Libelle am Waldrand. Wir sprangen ihr hinterher und staunten, als sie wie eine Königin auf einem großen Blatt saß und uns ansah. Dann hob sie ab, schwebte auf einer

Stelle wie ein Hubschrauber in der Luft, bis sie schließlich tief in den Wald hinein verschwand.

„Sie fliegt jetzt bestimmt zu Siga", meinte Philipp.

Ich staunte über diesen Gedanken und freute mich darüber, dass die beiden zusammen waren, genau wie wir.

Gegen Abend malte ich die Libelle auf einem Stück Architektenpapier, das gerade frei herumlag.

Oma hatte etwas Regenbogenglitzer aus ihrem Malatelier geholt und zeigte mir, wie ich damit die Flügel der Libelle deutlicher machen konnte.

„Das ist die Lilo!", sagte Philipp. „Lilo, die Libelle und Siga, die Eidechse."

Oma sah beide Zeichnungen an. „Darf ich mal was ausprobieren?", fragte sie.

Ich nickte neugierig.

Sie legte beide Bilder übereinander. Dadurch sah Siga leicht verschwommen aus, und Lilo flog über ihm. Mit der Schere schnitt Oma das Transparentpapier passend zu, und Siga wurde wieder sichtbarer. Begeistert holte Oma einen goldfarbenen Bilderrahmen und platzierte die Bilder darin. Zwei Jahre lang hing dieses Bild über der Eckbank der Pensionsküche, bis eines Tages etwas Merkwürdiges passierte.

Veränderungen

KAPITEL 2

Lilo, die Libelle sah mit Schrecken über das weite Land. Sie flog von einem zum anderen Ende des Walds, doch überall das Gleiche: Alles war grau in grau. Der Löwenzahn war grau, das frische Grün der Blätter an Bäumen und Sträuchern war eine einzig graue Wand. Das zarte Blau der Veilchen und Krokusse, das Gelb des Schöllkrauts und der Waldschlüsselblume waren allesamt verschwunden. Der Himmel bestand nur aus einem einzig grauen Wolkenteppich. Gerade war sie noch eine Larve gewesen und dann das hier! Der zweite Schrecken war ihr Spiegelbild auf der Wasseroberfläche des Sees. Entsetzt sah sie sich selbst von den Flügeln bis zur Schwanzspitze nur grau. Völlig erschöpft landete sie am Ufer und wischte sich mehrmals über ihre 30.000 Augen, doch die Farbe änderte sich nicht.

Da bewegte sich etwas zwischen den Steinen. Eine Eidechse krabbelte hervor, um bei den Steinen ihr tägliches Sonnenbad zu nehmen. Von Sonne war aber weit und breit nichts zu sehen. Die Eidechse sah sehr traurig aus, schnüffelte vor sich her und blieb dann reglos sitzen und glotzte vor sich hin.

Lilo steuerte auf die Eidechse zu. „Wir haben frühen Morgen, oder täusche ich mich?", fragte Lilo.

Die Eidechse blickte sich langsam um und entdeckte die Libelle schließlich auf dem Grashalm sitzend. „Wird wohl so sein" sagte sie resigniert.

Lilo flatterte aufgeregt hin und her, machte einige Loopings über dem See und landete wieder auf dem Grashalm. „Das kann doch nicht sein! Hier ist alles grau. Was ist passiert?"

Die Eidechse antwortete nicht.

Lilo hielt es nicht länger auf ihrem Grashalm. Sie flog im Zickzack kreuz und quer über See und die Lichtung, rückwärts um die hohen Tannen, und mehr und mehr packte sie die blanke Angst. Eine Angst, dass etwas Schreckliches passiert war. Es fühlte sich an, als ob etwas Unwiederbringliches zerstört worden wäre. „Weißt du etwas?", schrie sie die Eidechse schließlich an, die immer noch reglos vor sich hinstarrte. Lilo schwebte direkt vor ihr, als sich der Stein unter der Eidechse plötzlich bewegte.

Eine Wasserschildkröte streckte ihren Kopf nach vorne. „Nun rede doch schon", meinte sie. „Da werde selbst ich ungeduldig." Dabei wurde ihr Hals immer länger.

Zaghaft tapste die Eidechse vom vermeint-
lichen Stein, zog ihren Schwanz zur Seite und hob
ihren Kopf leicht nach oben. „Mein Freund Siga hat
es wohl nicht geschafft."

In diesem Moment brach die Sonne verheißungs-
voll durch die Wolkendecke, und alle blickten nach
oben, als würde sie augenblicklich alles wieder in
Farbe tauchen. Doch selbst die Sonne war grau.

„Wer ist Siga?", fragte Lilo.

„Sein Freund", wusste sogar die Wasserschildkröte.

„Okay, und was ist mit Siga geschehen?", bohrte
Lilo weiter.

„Siga hat sich auf die Suche nach einem Jungen
namens Philipp in der anderen Welt gemacht, der
ihm mal das Leben gerettet hat."

„In eine andere Welt einzutauchen ist bestimmt
ein riskantes Abenteuer", fand Lilo. Von Menschen
in einer anderen Welt wusste Lilo. Sie überlegte
weiter und ihr fielen geheime Pfade und Bäume

ein, die Welten miteinander verbinden können, doch sie hatte bisher noch nie etwas davon selbst gesehen. Die Eidechse wollte dort nach einem Jungen suchen. Das hörte sich sehr spannend an.

Die Wasserschildkröte stupste die Eidechse an. „Warum denkst du, dass er es nicht geschafft hat?"

Die Eidechse sah betreten drein. „Sieh dich doch um", sagte sie müde. „Alles ist grau! Das ist kein gutes Zeichen."

Lilo brauchte ein paar Loopings, um diese Nachricht zu verkraften. Vor allem musste sie darüber nachdenken, warum ausgerechnet eine Eidechse und ein Junge für das Grau in der Welt des friedvollen Walds verantwortlich sein sollten. „Was weißt du? Wo ist er hin? Was wollte er von dem Jungen?", sprudelte es nur so aus ihr heraus.

Zu spät. Die Eidechse war verschwunden.

„Wo ist er hin?"

„Du stellst eindeutig zu viele Fragen auf einmal", meinte die Wasserschildkröte und krabbelte Richtung See.

„Moment mal, wollt ihr euch jetzt alle aus dem Staub machen?"

„Staub? Nö, ich will ins Wasser", meinte die Wasserschildkröte gleichgültig.

„So warte doch!" Lilo schwirrte vor ihr her und bettelte sie sehnsüchtig an.

Die Schildkröte machte ihren Hals erneut ganz lang und starrte Lilo geradewegs in ihre 30.000 Augen. „Du hast wirklich noch nie etwas von Siga gehört? Wundert mich eigentlich. Als Libelle bist du doch überall."

„Ach, ich bin doch erst heute früh geschlüpft."

„Nun, ich dachte, es hat sich selbst bis ins letzte Ameisennest verbreitet."

„Unsereins redet wenig mit Ameisen, besonders als Larve", meinte Lilo. Schrecklich, der Gedanke, von einer Ameise abgeschleppt zu werden. Selbst als Larve strebte sie in Richtung der Lüfte dem Sonnenlicht entgegen. „Wäre schon schön zu wissen, welche Farben ich habe", seufzte Lilo und blickte skeptisch an sich herunter. Insgeheim wünschte sie sich ein glänzendes Blau und Grün. In ihren Träumen als Larve sah sie jedenfalls so aus. Sie ließ sich majestätisch am Ufer nieder und lauschte andächtig der Geschichte, die die Wasserschildkröte dann bereitwillig erzählte.

„Siga lebte schon seit seiner Geburt im friedvollen Wald, als er eines Tages von einer fremden Waldeidechse angegriffen worden war. Wie du weißt, ist es nicht üblich, dass sich Tiere im friedvollen Wald gegenseitig angreifen, und deshalb hatte es ihn ohne Vorwarnung getroffen. Es wurde ein heftiger Kampf und er verlor dabei seinen Schwanz.

Die Waldeidechse klebte förmlich an Siga und ineinander verkeilt kullerten sie über Wurzeln und Steine. Siga war der Ohnmacht nahe, als er sich endlich befreien konnte und eine Steinmauer entdeckte, in der er versuchte sich zu verstecken. Da lag er auch schon in den Händen eines kleinen Jungen. Die Waldeidechse war so schnell verschwunden, wie sie gekommen war, und Siga blickte erschrocken in zwei blaue Menschenaugen. Ohne es zu wissen, war er durch die Steinmauer in eine andere Welt gelangt. Warm und angenehm wurde es in diesen kleinen Kinderhänden. Ihm schwindelte immer noch, doch ganz langsam spürte er wieder Kraft und Leben in sich. Da bedankte er sich bei dem Jungen und sagte ihm seinen Namen. Der Junge antwortete ihm, dass er Philipp heiße. Außerdem wusste der kleine Junge, was zu tun war. Er brachte ihm Walderdbeeren, deren süßer und zarter Duft ihn weiter beruhigte. Ein anderes Kind brachte Tannenzapfen und Moos, welches ihn an den nahen Wald erinnerte. Siga fragte, ob er ihm noch Sand holen könnte, und Philipp zog gleich los, um welchen zu besorgen. Er legte ihn wie einen schützenden Kranz um sein Lager als wüsste Philipp, dass er Siga damit beschützen konnte. Dann war er allein. Die Mauer zeigte Siga den Eingang in seine Welt, und im Schutz des verborgenen Pfades trat er den Rückweg an.“

Lilo brauchte ein paar weitere Loopings bei dieser Geschichte. „Wow!", sagte sie und atmete erstaunt aus. „Das ist echt ein Ding! Und wie passt das jetzt zu all dem Grau hier?"

Es raschelte im Unterholz und die Eidechse zeigte sich wieder und erzählte weiter: „Mein Freund Siga hatte in all der Zeit immer wieder Kontakt zu Philipp, manchmal mehr, manchmal weniger. Eines Tages stellte Siga fest, dass die Tiere im friedvollen Wald immer weniger wurden. Da machte er sich auf den Weg zum Wind, um herauszufinden, woran das liegen könnte. Seitdem habe ich ihn nicht mehr gesehen."

Lilo brauchte diesmal einen sehr langen Flug, um all das irgendwie zu begreifen. Den Wind zu finden war mit Sicherheit nicht leicht, zumal gerade der Wind in alle Himmelsrichtungen unterwegs war. Dieser Siga musste ein schlaues Köpfchen sein - und mutig obendrein. Er brauchte bestimmt Hilfe. Sie spürte den unheimlichen Drang, nach ihm zu suchen und ihm dabei zu helfen, in alle Himmelsrichtungen zu schauen und den Wind und die dort wohnenden Tiere um Rat zu fragen. Bevor sich Lilo darüber klar werden konnte, welche Rolle sie dabei spielen würde, war sie schon mittendrin in diesem Abenteuer.

Herbstferien

KAPITEL 3

Der Bäcker, der Oma für die Feriengäste belieferte, vergaß an diesem Morgen die Vollkornhörnchen für die Ferienwohnung.

„Kim, magst du schnell ins Dorf runterradeln und sie abholen?", fragte mich Oma Anni. Verschlafen saß ich am Frühstückstisch in der Pensionsküche. Sie stand am Herd, kochte Eier und belegte Tabletts mit Wurst und Käse.

Ich schwang mich auf Omas E-Bike (schon allein wegen des E-Bikes habe ich die Aufgabe gerne gemacht) und ließ mir den kräftigen Wind ins Gesicht wehen. Die Müdigkeit würde mir beim Fahren bestimmt schnell vergehen. Aber auch der Gedanke an Philipp ließ jeden Hauch von Müdigkeit verschwinden. Er war unterwegs und würde gegen Mittag ankommen. Eine Woche Ferien bei den Großeltern verhieß viel Freiheit und Zeit zum Spielen. Diesmal war es besonders schwer gewesen, seine Mutter davon zu überzeugen, dass er kommen durfte. Es war ein Streit, wie er hin und wieder zwischen den beiden vorkam. Tante Julias Angst um ihn machte ihn trotzig und wütend. Es ging ihm doch gut. Wie auch immer, er hatte es wieder mal geschafft sich durchzusetzen.

Beim Bäcker war richtig viel los. Ich starrte Richtung Theke, an den Leuten vorbei, die vor mir dran waren, und suchte nach diesen Vollkornhörnchen.

„Du bist doch die Kim vom Hallwicher Hof?", meinte die Verkäuferin.

Ich nickte schließlich, nachdem sich alle neugierig zu mir umgedreht hatten. Am liebsten wäre ich sofort wieder umgedreht.

„Deine Oma hat angerufen. Du brauchst noch die Vollkornhörnchen. Da schau, ich habe sie schon eingepackt", plärrte die Bäckereiverkäuferin durch den Laden.

Schnell griff ich danach.

Eine Dame half mir und reichte mir die Tüte mit einem überaus besorgten Gesicht. „Ist der Philipp auch wieder hier?", fragte sie nach.

Da erkannte ich Omas aufmerksame Nachbarin. Wir nannten sie heimlich Kokosnuss, weil sie uns mit ihrem roten Ganzkörperanzug und ihrer blauen Stirnkappe an einen Drachen namens Kokosnuss aus einer Geschichte erinnerte. Sie tauchte meist auf, wenn man am wenigsten mit ihr rechnete.

Im Sommer beschrieb ihr Philipp vor lauter schlechtem Gewissen völlig übertrieben, wie sich Bauchkrämpfe anfühlten, oder wie schrecklich es war, wenn er so viel husten musste.

Äußerst mitfühlend hörte sie damals zu, nichts-ahnend, dass er kurz vorher mit einem Stein nach ihrer Katze geworfen hatte, weil das Biest eine Eidechse fressen wollte. Er wollte eigentlich gar nicht treffen, sie nur ein bisschen einschüchtern, damit der Eidechse nichts passierte. Er hatte getroffen – wer hätte das gedacht? Philipp wohl am allerwenigsten.

Der Katze ist nichts passiert und Philipp hinter-ließ einen bleibenden Eindruck bei der Kokosnuss.

Mit besorgter Miene betrachtete sie mich, als wäre ich, ebenso wie Philipp, an Mukoviszidose erkrankt.

Ich konnte nur nicken und schleunigst nach draußen gehen. Mit vielen Blicken im Rücken schwang ich mich genervt auf das Rad und strampelte den Berg wieder nach oben. Coole Sache mit so einem E-Bike.

Unsere Großeltern waren im Ort sehr bekannt, obwohl sie erst vor etwa zehn Jahren hergezogen sind. Dass mit Philipp etwas nicht stimmte, das haben sie bei den Leuten hier nie groß ausgebreitet, aber auch nicht verschwiegen. Wer wollte, konnte daran teilhaben, doch nicht jeder konnte damit umgehen.

Wir Kinder fühlten uns bei unseren Großeltern schon immer wohl. Sie haben uns einfach machen lassen. Dabei hatten sie bestimmt genauso viel Angst wie Tante Julia, gingen aber ganz anders damit um.

Opa liebte es, mit uns im Wald und in der näheren Umgebung spazieren zu gehen. Er erzählte uns vieles von den heimischen Tieren und Pflanzen und versuchte unsere Fragen zu beantworten. Und Philipp stellte oft merkwürdige Fragen, die Opa aber auch durchaus ernst nahm.

Unsere Großeltern lieben Kinder, und auch für die Gastkinder waren sie gerne da. Irgendwann begann Opa sogar mit den Gästen in den Wald zu gehen. Je nach Interesse, trieb er sich mehr oder weniger lang mit den Gästen im Wald herum.

Dieses Stückchen Wald am Hang liebte Philipp mindestens genauso wie Opa. Gestresst von Arztbesuchen, Medikamenten und Abmachungen mit seiner Mutter blieb er oft stundenlang im Wald.

Einmal erzählte mir Philipp von seinem Fantasieloch. Er zeigte hinter sein linkes Ohr, wo es steckte. Da gehen Geschichten ein und aus. Er erzählte so lebendig, dass sich alles direkt vor uns abspielte.

Selbst wenn er allein war,
und das kam öfter vor, wurden die ein-
tönigen Tage, an denen er nicht rausgehen konnte,
für ihn viel erträglicher. Ich schaute mir sein linkes
Ohr schon mal ganz genau an, doch mit bloßem
Auge konnte ich da nichts erkennen.

Philipp lachte nur darüber.

Pünktlich zur Mittagszeit fuhr Tante Julias
Wagen in die Auffahrt. Die Stimmung, die beide
mitbrachten, glich prall aufgeladenen Luftballons.
Es knisterte regelrecht in der Luft. Tante Julia war
so angespannt wie schon lange nicht mehr, Philipp
hingegen sah ziemlich mitgenommen aus.

Oma Anni nahm sie zur Seite, und Philipp und
ich sahen uns betreten an.

Er zuckte mit den Schultern. „Mein Vater möchte
mich sehen."

Ich bekam große Augen. „Wieso das denn?",
fragte ich verwundert. Sein Vater ist kurz nach

seiner Geburt verschwunden. Er kannte ihn gar nicht.

Die Erwachsenen brauchten Zeit zum Reden, und wir gingen in unser Zimmer, welches eigentlich als Gastzimmer gedacht war. Oma Anni reservierte es praktisch immer für uns. Ein Zimmer, in dem es nicht nur nach frischer Bettwäsche duftete, mit üblichem Doppelbett, zwei Stühlen und einem Tisch. Selbst Feriengäste schwärmten von Oma Annis gutem Geschmack. Das war in den zwei Ferienwohnungen ebenso der Fall wie in den vier Gästezimmern. Oma hatte farblich alles aufeinander abgestimmt und Opa das alte Holz mit Bienenwachs bearbeitet. Zusammen mit frischen Blumen gab das eine wunderbare Atmosphäre. Es hingen selbstgemalte Bilder von Oma Anni an der Wand oder beeindruckende Fotos von türkisfarbenen Bergseen. In unserem Zimmer war ein Bild auf Leinwand, das Opa fotografiert hatte, kurz nachdem sie eingezogen waren. Es zeigte einen kräftigen Regenbogen über dem neu gestalteten Hof, der von nun an Hallwicher Hof genannt wurde.

Bett, Tisch und Stuhl waren für uns immer mehr als nur Möbelstücke. Wir bauten damit Burgen und Höhlen, spielten Theater oder Dschungel.

All das konnte Philipp erst einmal gar nicht wahrnehmen. Zögernd packte er seine Tasche aus, als wisse er nicht, ob er überhaupt bleiben wollte. Schließlich lehnte er sich mit dem Rücken gegen die Tür und lauschte, ob er irgendetwas hören konnte.

Ich glaube, wir dachten blödsinnigerweise beide, dass sein Vater jeden Moment zur Tür reinkommen würde.

Was konnte ich tun? Ich sah ihn an und suchte nach einer Idee. „Lass uns was spielen", meinte ich und fühlte mich noch etwas ratlos. „Wie wäre es mit einer Autofahrt?", fiel mir schließlich ein. „Wo könnten wir hinfahren?", fragte ich und suchte verzweifelt nach einem passenden Ziel.

Philipp reagierte nicht.

So packte ich schließlich den Tisch und kippte ihn polternd um. Die Stuhlrücken legte ich auf den Boden. Sie wurden zu Fahrersitzen und der umgekippte Tisch war unser Kofferraum. In einer Schublade waren zwei Schwimmbrillen, die ich rausholte und ihm seine Brille entgegenhielt – für den Fahrtwind in unserem Cabriolet.

„Wie wäre es mit Korsika?", lockte ich ihn als Nächstes. Der letzte Sommer auf Korsika war eine tolle Zeit mit der ganzen Familie. Der beste Urlaub überhaupt!

Mit hängenden Schultern trottete er schließlich auf mich zu. „Okay, erst fährst du, dann ich", meinte er und setzte sich auf den Beifahrersitz.

Erleichtert setzte ich mich neben ihn. „Halt!
Wir müssen erst noch einpacken", fiel mir ein.
„Was brauchen wir alles?" Der Gedanke an den
letzten Urlaub auf der Insel half auch mir dieser
bedrückenden Stimmung zu entkommen. Wir
packten alles Mögliche in unseren Kofferraum.
Immer mehr musste unbedingt mit, und dieses
Spiel löste Philipp schließlich aus seiner Starre. Wir
packten gerade noch unsere Zahnputzbecher und
Zahnbürsten ein, als es an der Tür klopfte.

Tante Julia lugte zum Türspalt herein. „Oh, was spielt ihr denn?" Sie lächelte ein wenig und staunte über unser vollgepacktes Auto. Sie wirkte müde und stand wie verloren da.

Philipp zog sich schnell die Schwimmbrille vom Kopf und schlang die Arme um seine Mama. Tante Julia strich ihm zärtlich über den Kopf. „Ich rede erst mal mit Harald, okay, dann sehen wir weiter."

Philipp sagte gar nichts. Er schmiegte sich an seine Mutter, die ihm erklärte, dass sie selbst nicht wisse, was er eigentlich wolle, er aber doch nun mal sein Vater sei. Und alles, was zwischen ihnen passiert sei, habe mit Philipp selbst gar nichts zu tun. Damit war erst mal alles gesagt.

„Du, Mama? Wir fahren jetzt nach Korsika", meinte Philipp bereits wieder vergnügter.

Tante Julia nickte zufrieden und diese Idee erhellte auch ihr Gesicht.

Korsika, das war der Sommerhit! Wir feierten Philipps fünften Geburtstag und sogar unsere Groß-eltern waren dabei.

Da stand Oma Anni im Türrahmen und überlegte: „Ki-Phi, wie hieß der Campingplatz noch mal?"

„Oma, du hast schon wieder Ki-Phi zu uns gesagt", kicherte ich.

„Voll praktisch", fand Tante Julia. „Uns rief sie früher immer In-Ju."

Oma Anni zuckte gelassen mit den Schultern. „Es hat jedenfalls immer gut funktioniert."

„In- für Ina und Ju- für Julia", erklärte Tante Julia und zwinkerte uns zu.

„San Damiano hieß der Campingplatz", meinte Philipp und schmunzelte vor sich hin.

Wir spielten den ganzen Nachmittag, als wären wir auf Korsika, und abends als die Sonne sich noch mal orangegolden am Alpenrand zeigte, wanderten wir mit Opa Günther durch den Wald. Es war einer der letzten noch etwas milderen Herbsttage, bevor das Wetter auf trüb und kalt umschlagen würde. Philipp erzählte Opa Günther wie Eidechsen überwintern, und wir suchten mögliche Plätze danach ab. Wir streiften vorbei an angehobenen Wurzeltellern, kleinen Verstecken im Gebüsch und an Steinen, Holzablagestätten und abgeschlagenen Baumstümpfen. Wir suchten nach Schlupflöchern und stellten uns vor, wo auch für andere Winterschläfer gute Plätze zum Überwintern wären. Wir waren so vertieft, dass wir gar nicht merkten, wie dunkel es allmählich wurde. Oma Anni stand mit ein paar Gästen im Vorgarten und wartete auf unsere Rückkehr. Unser Lieblingsessen stand in der Küche auch schon bereit: Kartoffelbrei mit Spiegelei.

Philipp hatte den Tag über wenig gegessen. Trotzdem stocherte er überwiegend in seinem Essen herum. Es fehlte ihm nach all der Aufregung wohl der Appetit. Da half auch das Lieblingsessen nichts. Wegen der Medikamente musste er dennoch ein paar Löffel essen. Darauf bestand Oma Anni.

Müde und zufrieden landeten wir kurz darauf wieder in unserem Zimmer. Unser umgebautes Auto stand noch da, und das Bett war unser Haus, in dem wir es uns auch gleich gemütlich machten.

Philipps Gedanken waren wieder bei den Tieren im Wald, die sich für den Winterschlaf vorbereiteten. „Gestern saß Siga auf meinem Bett", meinte er nach einer Weile und knetete sich sein Kopfkissen zurecht.

Ich machte gerade einen Purzelbaum ans Bettende und sah ihn überkopf fragend an. „Wirklich, ich sag es dir", beteuerte Philipp. Er erzählte öfter von Siga, der Eidechse, seit diese damals vor zwei Jahren in Philipps Händen landete. Sein Interesse für Eidechsen und andere Amphibien war seitdem enorm gewachsen. Jeder, der das wusste, schenkte ihm etwas mit Eidechsen drauf, zum Beispiel ein T-Shirt oder Mäppchen, Hefte, Bücher und natürlich auch Stoff- und Gummitiere. Mit seinen fünf Jahren konnte er bereits etwas lesen, wenn auch sehr langsam. Stundenlang las er langsam und geduldig in Zeitschriften und Büchern über diese Tiere, betrachtete mit einer Hingabe die Fotos bis ins Detail und liebte meine Bilder, die ich ihm immer wieder malte.

Unsicher wie ich das einschätzen sollte, was er mir da soeben erzählte, sah ich ihn dementsprechend zweifelnd an.

„Doch, Kim, ehrlich", meinte er und tippte sich über das linke Ohr und zwirbelte eine Haarsträhne um den Zeigefinger. „Ich habe ihn zuerst nicht bemerkt, weil ich ein Buch angeschaut habe. Erst, als an meinen Beinen was schwer wurde, habe ich geguckt", erzählte er lebhaft.

Ich krabbelte vorsichtig wieder zurück zum Kopfkissen, als würde Siga sogleich hier auf unserem Bett krabbeln.

Da klopfte es plötzlich an unsere Zimmertür und Oma Anni kam zum Gutenachtsagen. Sie setzte sich zu uns ans Bett und strich die Bettdecke glatt. „Voll gemütlich bei euch", stellte sie zufrieden fest.

„Ja, wir haben sogar eine Eidechse im Bett", entschlüpfte es mir.

Oma Anni guckte sich vorsichtig um. Sie kannte Philipps Eidechsensammlung. „Dann habt ihr einen guten Bewacher für die Nacht. Wo steckt die Eidechse denn?"

Philipp krabbelte noch mal aus dem Bett und holte sein Eidechsenstofftier aus dem Rucksack.

Oma Anni nahm es zuerst auf ihren Unterarm, und durch das sanfte Streicheln bewegte sich das Stofftier, als wäre es lebendig. Behutsam legte sie es zwischen uns und gab jedem einen Kuss. Mir wurde ganz warm im Bauch, und Philipp verschränkte seine Arme unter dem Kopf und gähnte genüsslich.

Die Nachttischlampe strahlte ein wohlig warmes Licht aus. Nachdem Oma Anni gegangen war, lagen wir noch eine ganze Weile still nebeneinander.

Trotz Müdigkeit fing Philipp an, von Siga der Eidechse aus der anderen Welt zu erzählen. Irgendwann löschten wir das Licht, wollten schlafen, babbelten dann aber weiter und weiter. Ich stellte ihm immer wieder Fragen, wenn ich etwas nicht verstand. Wie etwa, was eine andere Welt sei und wie es sein kann, dass er das sehen und wissen könne, dass es so etwas überhaupt gibt. Wenn Philipp mit Siga spricht, so ist es wie im Traum.

Der Wald direkt neben dem Hallwicher Hof ist genauso wie der friedvolle Wald, in dem Siga lebt, erklärte er mir.

Ich fragte ihn ungläubig, wie das sein könne, dass Siga vom friedvollen Wald bei ihm zu Hause in München auf dem Bett sitzen könne.

Philipp wusste das auch nicht. Er hatte sich darüber noch nicht einmal Gedanken gemacht.

Es war jedenfalls unglaublich spannend. Ich spürte, wie wichtig es ihm war, mir davon zu erzählen. Siga war für ihn wie ein Verbündeter, ein wahrer Freund. Da fühlte auch ich mich wichtig und nickte ihm anerkennend zu. Philipp erstaunte mich immer wieder mit all seinem Wissen, dabei ist er drei Jahre jünger als ich. Da war seine Krankheit wie weggeblasen, als würde sie gar nicht existieren. Wir redeten sehr lange in dieser Nacht, bis Sätze nur noch Wörter waren, dann zu einzelnen Buchstaben wurden und wir schließlich ins Land der Träume segelten.

Frederika Krokulus

KAPITEL 4

Im friedvollen Wald spielte Zeit eine ganz andere Rolle als anderswo. Lilo war sich darüber noch nicht bewusst, wie über vieles andere auch. Sie fühlte sich in ihrem neuen Körper als Libelle noch nicht wirklich so, wie eine Libelle sich fühlt. So wunderschön früher das Träumen vom Fliegen auch war, so seltsam fühlte es sich augenblicklich an und sie wünschte sich nichts sehnlicher, als wieder eine Larve zu sein. Das Grau gefiel ihr überhaupt nicht und sie hatte keine Ahnung, wo sie ihre Suche beginnen sollte. So übersah sie zuerst den Vogel, der von Baum zu Baum flog, und die Fische mit den strahlend silbernen Schuppen im Teich entgingen ihr ebenfalls.

„Kuckuck, kuckuck", machte es neben ihr und da entdeckte sie den Vogel in seinem grauen

Federkleid. Lilo duckte sich geschwind ins hohe Gras.

„Nur keine Sorge, ich tue dir nichts", piepste der Vogel und hüpfte munter von Ast zu Ast nach unten. Hier im friedvollen Wald gibt es nicht das Fressen und Gefressenwerden wie in einer anderen Welt.

Lilo wusste das bereits, seit sie eine Larve gewesen war, und dennoch war es sicherlich klug, vorsichtig zu sein, wo sich doch gerade alles so veränderte.

„Wo kommst du her? Wo fliegst du hin?", fragte der Kuckuck neugierig.

Welch eine komische Frage! Dabei ist es offensichtlich, dass all die Tiere aus dem friedvollen Wald kommen, oder nicht?, dachte Lilo bei sich. „Es geht hier nicht um mich. Ich suche Siga und den Wind", raunzte sie den Vogel an.

Dieser nickte, als wüsste er genau, worum es ging.

„Weißt du, wo ich anfangen kann?"

Abermals nickte der Vogel, spreizte seine Flügel und flog davon.

Lilo blickte ihm fragend nach. „Was für ein tiefgründiges Gespräch!", stellte sie fest. Schnell hob sie sich ebenfalls in die Lüfte, doch von dem Vogel war bereits nichts mehr zu sehen. Was sollte das nun wieder, zum Kuckuck? Seltsam, zu langsam konnte sie doch nicht gewesen sein. Schnell schaute sie in alle Himmelsrichtungen. Im Osten entdeckte sie eine kleine Feder, die lautlos durch die Lüfte tanzte. Die stammte eindeutig vom Kuckuck und segelte zuerst sachte im Wind, drehte ihre Bahnen, bis sie schneller wurde und Richtung Boden glitt. Lilo wirbelte um sie herum und folgte ihr, als sie auf der Wiese etwas aufblitzen sah. Im endlosen Grau zeigte sich ein winziges Fleckchen Farbe. Lilo überschlug sich vor Erstaunen. Die Feder landete direkt neben einer Blume. Ein blasslila Krokus streckte seine zartgelben Fäden Richtung Himmel. Hektisch fuhr sich Lilo mit ihren Vorderbeinen über ihren Oberkörper, um sich zu säubern und rieb ihren Unterkörper an einem dicken Grashalm. Dann blickte sie zwischen Feder und Blume hin und her und putzte sich nervös die Augen.

„Komm, setz dich zu mir", wisperte die Blume.

Fasziniert folgte Lilo der Einladung und blickte geradewegs in das Herz des Krokus. Friedlich und mächtig schimmerte es ihr entgegen. Lilo spürte eine Ruhe und Gelassenheit, und all die Hektik und Unruhe waren wie weggeblasen. Es war der schönste Ort, den Lilo je gesehen hatte.

„Ich bin Frederika Krokulus und wohne beim Ostwind", stellte sich die Blume vor. „Wie schön du bist!", fügte sie hinzu.

Lilos Blicke glitten an ihr herunter und dann sah sie sich selbst in Farbe! Schillerndes Blaugrün durchzog ihren Körper. Plötzlich war alles genauso wie in ihren Träumen. Sie war sprachlos.

Frederika Krokulus lächelte. Ihr Herz strahlte so viel Wärme und Geborgenheit aus und durchdrang Lilos ganzen Libellenkörper. So saßen sie eine Weile zufrieden da.

„Weshalb ich eigentlich gekommen bin", fing Lilo irgendwann an, „ist meine Suche nach Siga, der Eidechse. Ich möchte ihm helfen, den friedvollen Wald zu retten."

„Oh, das klingt aber spannend. Da ist es gut, dass du bei uns vorbeigekommen bist", meinte Frederika Krokulus.

Lilo fühlte sich gleich viel wohler, doch dann kamen ihr bereits wieder Zweifel. „Ich weiß nicht, wo ich ihn suchen soll. Wie kann ich ihn da finden?", flüsterte Lilo ratlos.

Frederika Krokulus sah sich um. „Sieh doch, die Farben! Die Farben kommen zurück. Das ist doch wunderbar!"

Da kicherte es um sie herum und Lilo erkannte all die anderen Krokusse, die mit ihren Farben violett, weiß, blau, gelb, orange gestreift ein wahres Meer an Farben auf die Wiese zauberten. Es war wunderschön anzusehen, und Lilo konnte sich gar nicht daran sattsehen. Nach einer ganzen Weile verabschiedete sich Lilo wieder von den Blumen. Sie stürmte voller Mut weiter und konnte ihr Glück kaum fassen. Sie flog über das Land und blickte neugierig umher, an welchen Stellen weitere Farben zurückgekommen waren. Viele bunte Blumen durchbrachen das Grau, und es wirkte bereits nicht mehr ganz so trist. Durstig führte sie ihr Weg zurück zum See. Sie tauchte leicht in die Oberfläche des Wassers, wohl bedacht, ihre Flügel trocken zu lassen und trank im Fliegen. Dabei bestaunte sie erneut ihr eigenes farbiges Spiegelbild. Wunderbar fühlte sich das an. Sie war sehr erleichtert.

Da tauchte im Wasser ein Schwarm Fische auf. Ihre silbernen Schuppen glänzten hell durch das trübe Seewasser. Lilo erblickte in dem Schwarm ein paar ausdruckslose Fischaugen, die geradewegs auf sie zuschwammen. Das Wasser spritzte auf, blitzschnell öffnete sich das große Fischmaul und Lilo flog geradewegs hinein.

Herbst stürme

KAPITEL 5

Die restliche Nacht träumte ich von Siga, was mich nicht wunderte, schließlich hatten wir die halbe Nacht von ihm und dem friedvollen Wald geredet. Er saß an der Steinmauer auf der Terrasse und zwinkerte mir zu, ihm zu folgen. Sein wunderschönes Muster glitzerte in verschiedenen Grüntönen in der Sonne. So merkte ich nicht, dass Philipp aufstand und versuchte sich auf der Toilette zu übergeben. Ich war ganz tief eingesunken in diesen Traum, sah mich durch den Stein gehen und stand plötzlich mitten im friedvollen Wald. All die Bäume und Sträucher streckten sich breit und kräftig in den Himmel. Es roch nach wilden Beeren, Waldmeister und frischem Tannengrün. Das war ein tolles Gefühl. Das musste ich später unbedingt Philipp erzählen und ich schaute mich fasziniert um, versuchte mir jede Einzelheit einzuprägen, bis ich merkte, dass mich jemand beobachtete. Irritiert blickte ich mich um, entdeckte aber niemanden. Selbst Siga war verschwunden. Ich fühlte es ganz deutlich, von irgendwem wurde ich beobachtet. Dieser Traum wurde immer spannender. Unterdessen kroch Philipp erschöpft auf dem Boden im Bad und hielt sich seinen Bauch.

Oma Anni war an diesem Morgen noch vor ihrem Wecker wach geworden. Zuerst wälzte sie sich mühsam von einer auf die andere Seite. Die Fensterläden ruckelten leicht und sie hörte den Wind ums Haus pfeifen. Für den kommenden Tag war Sturm gemeldet. Neugierig stand sie schließlich auf und blickte aus dem Fenster. Dicke Regenwolken setzten sich in der nahenden Dämmerung ab und bauschten sich bedrohlich über der Bergkette auf. Sie überlegte, ob das Wetter uns so heftig treffen würde, wie in den Nachrichten angekündigt. Besorgt blickte sie in den aufgewühlten Himmel und nach den aufgepeitschten Bäumen und beschloss schon mal in die Pensionsküche zu gehen, um mit den Vorbereitungen für das Frühstück der Gäste zu beginnen. Leise schlurfte sie den Gang entlang, die Treppe nach unten und entdeckte den schwachen, schmalen Lichtspalt, der durch unsere geschlossene Tür schimmerte.

„Ki- Phi?", flüsterte sie irritiert, als sie durch die Tür trat und offensichtlich nicht wusste, wer von uns wo war. Ich lag allein im Bett und schlief. Oma Anni blickte ins Bad und fand Philipp vor der Toilette. „Was ist mit dir?", fragte sie entsetzt und beugte sich zu ihm hinunter.

Er zitterte und blickte verwirrt zu ihr auf.

Vorsichtig hob sie ihn hoch und setzte sich mit ihm aufs Bett, wo sie ihm das nass geschwitzte Haar aus dem aschfahlen Gesicht strich. „Was machst du denn für Sachen?" Das Zittern ging augenblicklich auch auf Oma Anni über. Behutsam legte sie ihn ab und eilte davon, Philipps Medikamente und ein Fieberthermometer zu holen. Dann ging alles sehr schnell, und ich habe gar nichts mitbekommen, weil ich immer noch schlief.

Die Sirene des Rettungswagens dröhnte durch die Straßen des beginnenden Morgenverkehrs. Nicht ungewöhnlich bei einem Sturm. Die Auffahrt zum Hallwicher Hof brauste der Sanitäter lautlos nach oben und hielt in der Einfahrt, wo Opa Günther bereits wartete.

Ich erwachte, als irgendeine Tür im Haus durch einen starken Windzug mit lautem Knall zuflog. Philipp lag nicht mehr neben mir. Verwundert entdeckte ich Licht im Bad. Ich sah nach, aber von Philipp keine Spur. Gerade war ich noch ganz erfüllt von meinem Traum, steckte im fried-vollen Wald und betrachtete die Fische im Teich. Im Gegensatz dazu heulte gerade der Wind ums Haus. War Philipp etwa schon frühstücken? Ich trottete verschlafen den Gang entlang und nahm die Treppe nach unten. Opa telefonierte. Ich konnte nicht verstehen, was er sagte, aber an seinem Ton-fall erkannte ich etwas Merkwürdiges, das mich aufhorchen ließ. Er beendete das Gespräch und ließ das Telefon erschöpft sinken.

Als er mich bemerkte, sah ich ihn fragend an. Er versuchte seine Schultern zu straffen. „Oma ist mit Philipp ins Krankenhaus gefahren. Mach dir keine Sorgen, Kim. Das wird schon wieder!" Opas Sorgenfalten quer über der Stirn sagten mir aber was anderes.

Seine Worte hallten merkwürdig durch meinen Kopf. Das konnte doch nicht sein? Wir hatten die halbe Nacht geredet, und Philipp hatte so viel erzählt und es ging ihm gut! Ungläubig ging ich zurück ins Zimmer, starrte erst einmal auf unser leeres Bett. Unser umgebautes Auto stand nutzlos rum. Er war nicht da. Er war einfach nicht mehr da. Es war unfass-bar! Ich wünschte mir, dass Philipp einfach aus dem Bad kommen würde. Doch ich war ganz allein.

Als ich angezogen in die Pensionsküche kam, hantierte Opa Günther, als hätte er die Küche vorher noch nie gesehen und musste sich alles zusammensuchen.

Meine zurechtgelegten Worte wollten nicht mehr über meine Lippen kommen. Das hatte ich früher schon mal. Der Logopäde konnte mir helfen, doch gerade war alles so wie früher. „Ka-kann ich di-dir hel-helfen, O-Opa?", stotterte ich.

Er sah mich besorgt an und überlegte. „Lass uns erst mal selbst was frühstücken, bevor wir hier richtig loslegen. Die Erna vom Nachbarhof kommt gleich vorbei und hilft beim Frühstückmachen. Ich habe heute eigentlich einen sehr wichtigen Termin." Opa Günther fuhr sich in Gedanken durch die Haare und blickte angestrengt auf die Wanduhr. „Wann fahre ich denn am besten in die Klinik? Mal sehen, vielleicht meldet sich Anni bald", murmelte er und holte uns alles an den Tisch.

Ich war wie betäubt und hatte eigentlich keinen Hunger. Dann fuhr der Brötchenservice in den Hof, und Opa huschte schnell nach draußen. Ich saß vor meiner Schüssel Cornflakes, als sich das scheinbar geschlossene Küchenfenster von selbst kippte. Ich saß da und beobachtete das weitere Geschehen wie im Kino. In dem Augenblick, als Opa durch die Tür kam, zog ein Wind durchs Zimmer, das Fenster fiel wieder zu und im gleichen Moment flog mein gemaltes Bild im Goldrahmen vom Haken. Das Glas im Rahmen brach klirrend beim Aufprall auf die Fliesen.

Hastig holte Opa Schaufel und Besen und kehrte geschwind die meisten Splitter weg, packte vorsichtig den Goldrahmen und legte die beiden übereinandergelegten Bilder auf den Tisch. „Das kriegen wir wieder hin", meinte er stirnrunzelnd. „Die restlichen spitzen Glassplitter mache ich später aus dem Rahmen raus. Lass es einfach so liegen, Kim!"

Ich konnte nur nicken. Schweigend saßen wir zusammen am Tisch, als nach einer Weile erneut ein Auto in den Hof fuhr. Abwesend stierte ich auf den kaputten Bilderrahmen und die Bilder von Siga und Lilo. Im Flur wisperten Stimmen, und kurz darauf fuhr Opa mit seinem Auto vom Hof. Entgeistert sah ich die Kokosnuss in der Tür stehen. Sie hatte ihren roten Anzug zur Hälfte ausgezogen und sich die Ärmel ihrer Jacke um die Hüften gebunden. In Strümpfen betrat sie die Küche.

„Na, dann wollen wir mal", meinte sie geschäftig und legte ihre blaue Stirnkappe auf einen Stuhl. „Da bin ich aber mächtig froh, dass du da bist, Kim. Ich brauche nämlich dringend Hilfe. So oft habe ich bei deiner Oma noch nicht in der Küche gestanden, geschweige denn Frühstück für Pensionsgäste gemacht."

Sie ließ mich Milch und Eier aus der Speisekammer holen und nahm die große Kaffeemaschine in Betrieb. Ihre blonden Locken standen in alle Richtungen ab. Geschäftig brutzelte sie Eier und Speck, legte Wurst und Käse auf Platten und ich schnitt Tomaten in Scheiben und zupfte Petersilie von den Stängeln.

„Gehst du bitte ins Frühstückszimmer und trägst auf?", bat sie mich. „In dem Aufzug mache ich wohl keinen guten Eindruck", sagte sie und lachte verlegen.

Ich funktionierte ganz gut, lief fleißig hin und her, bis alles aufgetragen war und die ersten Frühstücksgäste bereits ihren Platz eingenommen hatten.

„Wo steckt eigentlich deine Oma? Wir haben sie heute Morgen noch gar nicht gesehen", fragte schließlich ein Gast, und ich konnte nur mit den Schultern zucken.

„Da war doch heute früh der Rettungswagen im Hof gestanden. Ist etwas passiert?", fragte ein anderer Gast.

Ich tat so, als hätte ich es nicht gehört und verließ das Frühstückszimmer so schnell wie möglich. Die Tränen kullerten mir plötzlich über die Wangen, und ich rannte ins Zimmer, wo ich mich schluchzend aufs Bett stürzte. Ich fühlte mich elend. Wie konnte ich nur so dumm gewesen sein und nicht gemerkt haben, dass es Philipp nicht gut ging? Warum hatte ich nichts bemerkt? Stattdessen hatte ich diesen Traum! Wie kann man nur träumen, während es dem anderen schlecht geht?

„Kim, wo bist du?", hörte ich später die Kokosnuss im Gang rufen. Ich wischte mir schnell die Tränen aus dem Gesicht und krabbelte aus dem Bett. Vorsichtig streckte ich den Kopf aus der Tür, da stand sie bereits neben mir.

„Alles okay mit dir?" Ratlos fuhr sich die Kokosnuss durch ihre wilde Mähne. „Na, was machen wir jetzt, wir zwei?"

Ich stand da und brachte kein Wort heraus.

Das Telefon kam uns zuvor. „Pension Hallwicher Hof", sprach die Kokosnuss geschäftig in den Hörer.

Oma war am anderen Ende. Philipp wird gerade operiert. Er hat eine Blinddarmentzündung. Opa wird nach seinem Termin heimkommen.

Ich fühlte mich immer noch so merkwürdig leer. Es war alles wie Watte um mich herum. Die Kokosnuss packte mich kurzerhand in ihr Auto und nahm mich mit auf ihren Hof. Die Fahrt war beängstigend. Der Wind trieb sein Unwesen und sämtliche Bäume wirbelten herum.

Im Kuhstall kam uns ihre Katze mit steil emporragendem Schwanz entgegen und schmuste mit der Kokosnuss um die Wette.

Ich stand einfach nur daneben.

Die Kokosnuss redete und redete mit mir, und ich konnte immer nur nicken, verstand kein Wort von dem, was sie sagte. Sie hatte mir frische Kuhmilch angeboten und sah mich zunehmend besorgt an. Erst als mich ein kleines Kälbchen ableckte, kam wieder etwas mehr Leben in mich.

Sie sprach von einem Schock, und ich verstand nur Bahnhof. Ich blickte in die wunderschönen Kalbsaugen mit den langen Wimpern. Das zarte rosa Mäulchen fühlte sich samtweich und warm an. Da wurde es mir etwas wohler. Ich durfte zum Kälbchen rein und konnte gar nicht mehr aufhören, es zu streicheln. Die Rufe der anderen Kühe drangen gar nicht zu mir durch, und auch der einsetzende peitschende Regen entging mir völlig.

Die Kokosnuss brachte mir ein kleines Fläschchen Milch für das Kalb und es zog wie wild daran.

„Das machst du wirklich gut", hörte ich eine bekannte Stimme an der Türe. Opa Günther stand pitschnass im Stalleingang. Ich lächelte ihm zu. Er wartete geduldig, bis das Kälbchen fertig war und zog mich dann liebevoll in seine Arme. „Können wir gehen?", fragte er und strich mir über die Haare.

„Du hast Regentropfen auf deiner Nase", bemerkte ich mit kratziger Stimme.

„Ich schätze nicht nur auf der Nase", sagte er und lachte auf.

Schnell hüpften wir in Opa Günthers Auto. Zum Abschied winkte ich aus dem Auto. Die Kokosnuss stand im Stalleingang und winkte uns gedankenverloren nach.

„Was ist denn ein Blinddarm?", wollte ich von Opa wissen, und er meinte nur, dass es ein völlig unsinniges Ding im Dünndarm sei, das in einer Sackgasse steckt und um das sich Philipp künftig keine Gedanken mehr machen muss. Ich war ein wenig erleichtert. Noch mehr hüpfte mir das Herz, als ich Oma zu Hause antraf. Auch sie nahm mich fest in ihre Arme und bat mich ein paar Sachen für Philipp einzupacken.

Wir holten seinen Rucksack und steckten neben Schlafanzug und Zahnbürste sein Eidechsen-Stofftier dazu.

Opa telefonierte schon wieder. „Komm erst morgen, hörst du? Hier wütet ein starkes Unwetter, das zieht sich bestimmt bis nach München. Du solltest jetzt in deiner Aufregung sowieso noch nicht Auto fahren", flehte Opa in den Hörer. Er telefonierte mit Tante Julia.

Oma Anni sah bittend zu Opa, und er übergab ihr erleichtert den Hörer. „Hallo, mein Schatz!", sagte sie in einem beruhigenden Ton. „Philipp hat alles gut überstanden. Ich hole gerade seine Sachen und bleibe über Nacht bei ihm. Mach dir bitte keine Sorgen. Es ist alles gut verlaufen." Sie telefonierte noch eine ganze Weile, packte dann ihre Sachen und machte sich wieder auf den Weg ins Krankenhaus.

Auch ich telefonierte an diesem Abend mit meiner Mama, und all das beruhigte mich. Oma wird die Nacht bei Philipp sein. Wie eine Löwin wird sie über ihn wachen. Da musste ich bereits wieder grinsen. Das konnte meine Oma Anni nämlich gut. Vor dem Einschlafen habe ich ganz lang mit Gott gesprochen und ihn um Hilfe gebeten. Von Oma Anni wusste ich viel über Schutzengel, und ich stellte mir einen Engel im blauen Gewand vor, der ganz nah an Philipps Bett stehen würde. Zu seinen Füßen wünschte ich mir Siga dazu. Das würde ihm bestimmt gut gefallen.

Tuatara

KAPITEL 6

Das Glücksgefühl steckte noch in Lilo, als die plötzliche Dunkelheit über sie hereinbrach und noch ehe ihre 30.000 Augen sich daran gewöhnen konnten, hallte eine Stimme durch ihren Libellenkörper: „Hey, das war ja ein Kinderspiel, dich zu fangen. So leicht ist mir noch keiner untergekommen."

Das war unerhört! Was bildete sich dieser Kerl eigentlich ein? Doch sie steckte fest, ausgerechnet im Maul eines Fisches. Sie stemmte sich mit all ihrer Kraft gegen den Gaumen. „Huch, nicht doch, das kitzelt!", trällerte der Fisch. „Gib Ruhe, sonst verschlucke ich dich noch!"

„Dann mach dein Maul auf und lass mich frei!", brüllte Lilo aufgebracht.

„Sobald wir angekommen sind, kleine Libelle", meinte der Fisch im sanften Ton.

Das beruhigte Lilo keineswegs. Wo sollten sie denn ankommen, und wie kam dieser Fisch überhaupt dazu, sie mitzunehmen? Der Teich im friedvollen Wald war recht übersichtlich. Schwamm der Fisch etwa im Kreis?

„Wie kommst du nur dazu, mich einfach abzuschleppen?", wollte Lilo wissen.

„Ich bringe dich zu Tuatara. Du wirst schon erwartet."

Staunend sah Lilo, wie sich kurz darauf das Fischmaul langsam öffnete. Vorsichtig krabbelte sie nach draußen und stand mitten in einer unterirdischen Höhle.

Der Fisch verabschiedete sich und tauchte wieder ab.

Von irgendwo oben drang feines, helles Licht herein, und ein kleiner Drache saß auf einem Felsvorsprung. Nicht, dass sich Lilo noch mehr erschreckte. Nein, sie blieb mutig vor dem kleinen Drachen stehen und betrachtete ihn neugierig. Kleine Zacken liefen von seinem Hals bis zu seinem Schwanz und er sah den Eidechsen sehr ähnlich. War da etwa in der Mitte der Stirn ein drittes Auge? Es sah ganz danach aus.

„Ich bin Tuatara und heiße dich herzlich willkommen. Es ist ein ungewöhnlicher Weg zu mir, und so freue ich mich, dass du gekommen bist."

Ehrfürchtig verneigte sich Lilo vor Tuatara. Dann stellte sie fest, dass sie sich noch putzen musste und reinigte schnell ihre Flügel und ihren Libellenkörper. Libellen sind schließlich saubere Insekten, und vor so einem Drachen war es ihr sehr wichtig, sauber und ordentlich zu sein, zumal sie vorher in diesem Fischmaul gesteckt hatte. Sie suchte nach Worten, doch es wollte ihr nichts einfallen, was sie Tuatara sagen könnte. Außerdem war sie wieder sehr aufgeregt und wollte alles richtig machen.

„Was bist du nur für ein einzigartiger kleiner Drache", meinte Lilo schließlich und wunderte sich über ihre eigenen Worte. Was hatte sie da gerade gesagt?

„Oh, wie nett", bedankte sich Tuatara. „Lilo, du bist aber auch nicht ganz ohne!"

Erneut fuhr sich Lilo mit einem ihrer Arme über ihren Libellenkörper. „Puh, und du kennst auch noch meinen Namen! Was weißt du denn noch alles?"

Tuatara schloss langsam seine Augen. Da konnte Lilo das dritte Auge noch deutlicher sehen.

„Ich kann vieles mit meinen Augen sehen. Auch du verfügst über sehr viele Fähigkeiten, liebe Lilo."

In Lilo überschlug sich gerade alles. Ja, das spürte sie deutlich, dass sie Dinge tun konnte, zu denen sie vorher als Larve noch nicht in der Lage gewesen war, die tief in ihr geschlummert haben. Sie spürte deutlich den Drang dahinterzukommen, was es noch so alles zu entdecken gab, und sie spürte ebenso, dass sie jetzt und hier gerade dabei war, einige dieser Geheimnisse über sich selbst herauszufinden.

„Du kannst es!"

Lilo hörte Tuataras Worte und wunderte sich erneut, dass der kleine Drache eine Frage beantworten konnte, die sie noch gar nicht gestellt, sondern nur gedacht hatte. Es war die Frage, wie sie Siga helfen konnte, oder wollte Lilo noch mehr wissen?

„Folge dem Wind und lausche. Halte deine 30.000 Augen offen und beobachte genau. Die Dinge sind nicht immer so, wie sie scheinen." Tuatara zwinkerte schelmisch mit einem Auge.

Na, der Fisch hatte sie jedenfalls nicht verspeist, wie sie zuerst befürchtete. Er hatte sie entführt, doch auch darüber war sie nicht mehr länger verärgert. Tuataras Worte waren für Lilo noch nicht ganz verständlich, doch sie wollte sich das genaue Hinhören und Sehen ganz fest vornehmen. Irgendwie würde die Suche nach Siga weitergehen. Der kleine Drache schenkte Lilo große Hoffnung und Mut weiterzumachen und deutete ihr, den Weg nach oben zu nehmen. Sie verabschiedete sich und voller Vertrauen ließ sich nach oben gleiten. Leicht und frei flog Lilo aus einem versteckten Höhlenspalt.

Der friedvolle Wald lag vor ihr, und das Grau wirkte beinahe nicht mehr so bedrohlich wie noch zuvor. Nie würde man annehmen, dass es hier durch das hohe Gras einen Spalt zu einer unterirdischen Höhle geben könnte. Allein aufgrund der Tatsache hätte Lilo am liebsten einige Loopings machen können. Bevor sie dazu kam, machte sie aber noch eine ganz andere Entdeckung. Lilos Blick änderte sich von einem Moment zum anderen. Sie erkannte eine Grenze, die sie vorher noch gar nicht bemerkt hatte. Es wirkte auf sie wie eine Haut oder eine Schutzschicht. Sie sah eindeutig die Grenze des grauen friedvollen Walds, und das war höchst erstaunlich - sie sah eine Welt dahinter! So flog sie über den friedvollen Wald, und gleich darauf war sie in einer anderen Welt und erkannte unter ihr Menschen und Tiere.

Eine extra Portion Schokoladeneis

KAPITEL 7

Es war noch sehr früh am Morgen und noch gar nicht richtig hell. Die Nacht über hatte ich gut geschlafen. Gedankenflut, Sturm und Regen waren ausgesperrt, genauso hatte ich wohl auch das Träumen unterdrückt. Dafür lag jemand neben mir, als ich aufwachte.

Tante Julia lugte aus ihrem wirren Berg an Haaren zu mir herüber, gähnte ausgiebig und grinste mich an. Sie hatte sich auf den Weg gemacht, trotz der späten Stunde und des Wetters. Typisch Tante Julia!

„Guten Morgen, Kimi. Du hast geschlafen wie ein Bär, aber ich war auch ganz leise." Sie streckte sich und krabbelte aus dem Bett. „Ich geh mich mal duschen", sagte sie und huschte ins Bad. „Nach dem Frühstück fahren wir zu Philipp. Willst du mitkommen?"

Und ob ich wollte. Es war das erste Mal, dass ich Philipp in einem Krankenhaus besuchen und überhaupt ein Krankenhaus näher betrachten durfte. Ich war sehr aufgeregt und meine Hände schwitzten. Tante Julia spürte das, auch sie schluckte, als wir vor dem Gebäude standen. Es wirkte fremd und eigenartig. Ich stellte mir hinter jedem Fenster ein Krankenzimmer vor. Überall Menschen, die krank waren und Hilfe brauchten. Das Haus wollte sie aufnehmen und bereitwillig umarmen, doch das funktionierte nicht. Es wirkte starr, glatt und fühlte sich verlassen an. Innen herrschte geschäftiges Treiben, Leute die ihre Arbeit still und geschwind zu erledigen versuchten. Wir atmeten beide tief durch, als wir vor der Zimmertür standen, hinter der uns Philipp erwarten würde.

Philipp hatte ein Einzelzimmer. Neben seinem Bett war das Beistellbett von Oma Anni, dessen Bettzeug bereits sauber und glatt gefaltet war. Sie wirkte dagegen leicht zerknautscht und müde und saß neben Philipp am Bettrand und las ihm gerade eine Geschichte vor. Sie lächelte mild, als sie Julia und mich erblickte.

Philipp fing an zu kichern und hielt sich vorsichtig die Hände an den Bauch. Er hatte die Wette gewonnen, denn er meinte, seine Mutter würde vor dem Arztbesuch kommen.

„Um was habt ihr denn gewettet?", fragte ich belustigt nach.

Philipps blasses Gesicht bekam eine gesunde Röte.

Oma Anni fiel das Buch runter. Sie bückte sich schnell, und als sie wieder nach oben kam, hatte sie ebenfalls ein rotes Gesicht. Sie meinte verlegen: „Wir haben um eine extra Portion Schokoladeneis gewettet."

Tante Julia sah die beiden skeptisch an. Was steckte da wohl dahinter? Der Besuch bei Philipp war anstrengend. Ich war so beschäftigt, alles genau zu betrachten und zu verstehen. Die Erwachsenen waren ganz anders, um sanfte Stimmen bemüht, der Beruhigung willen, und dann zu Späßen geneigt, die völlig übertrieben klangen. Ich wollte Philipp nah sein und war doch meilenweit von ihm entfernt. Ein einziges Mal konnten wir einen geheimen Blick austauschen. Zum Abschied drückte ich ihn ein wenig und er erwiderte es, indem er meine Hand nicht loslassen wollte. Fast hätte ich geweint.

Die Gäste am Hallwicher Hof ächzten unter dem schlechten Wetter, das sich beständig auf Wind und Regen eingefahren hatte. Sie mussten an diesem Morgen mit Opa Günther und der Kokosnuss vorliebnehmen, und die beiden mussten es aushalten, dass die Gäste länger frühstückten und einiges mehr verputzten. Dementsprechend glich die Pensionsküche einem Schlachtfeld, doch Oma Anni war einfach nur froh, dass alles seinen gewohnten Gang nehmen konnte, auch wenn sie mal abwesend war.

Sie hatte sich mit Tante Julia im Krankenhaus abgewechselt und war mit mir wieder heimgefahren. Die Stimmung war gelöst, und alle klangen erleichtert. Die Geschäftigkeit der Erwachsenen steckte auch mich an, und ich half beim Saubermachen.

Die Kokosnuss verabschiedete sich und machte sich wieder auf den Weg zu ihrem Bauernhof. Als wir fertig waren, nahm sich Opa Günther für das heruntergefallene Bild Zeit. Er fummelte die restlichen Glassplitter aus dem goldenen Bilderrahmen und legte meine Kunstwerke zur Seite.

„Kim konnte schon immer gut malen", meinte Oma Anni.

Opa Günther nickte. „Ich erinnere mich daran, wie ihr mir von der Eidechse erzählt habt, als wäre es erst gestern gewesen. Könnten wir das Bild nicht oben im Wohnzimmer aufhängen, Anni? Da kann ich es viel öfter betrachten."

Oma Anni schmunzelte. „Oder du kommst öfter zum Helfen!" Sie knuffte Opa Günther in die Seite und machte sich daran, im Schuppen nach einem neuen passenden Rahmen oder nach einem Austauschglas zu suchen.

Opa Günther sah mich an und meinte: „Du könntest das Bild unten am Rand noch signieren. Was meinst du?"

„Wie geht das?", fragte ich nach.

„Du schreibst deinen Künstlernamen hin."

Verdutzt sah ich ihn an.

 66

Da lachte er schelmisch. „Hast du etwa noch keinen Künstlernamen?"

Ich schüttelte den Kopf.

„Dann müssen wir noch einen Namen für dich finden. Einen ganz besonderen, mhm." Opa überlegte. Von „die wilde Kimi" über „Rose im Bach" (Rosenbach ist mein Nachname) bis hin zu „Kimfetti", (ich bin alles andere als fett, aber die Farben meiner Kleider sehen oft aus wie kunterbuntes Konfetti), „ Bella Sensationa", „Contessa Trallalla": Opas Vorschläge passten nicht so recht, außer dass ich gar nicht mehr aufhören konnte zu lachen.

Oma Anni kam mit drei verschiedenen Rahmen zurück. Sie lachte mit uns und probierte die Rahmen und Gläser der Reihe nach aus, doch nichts davon wollte so recht passen.

Das Telefon klingelte, es war für Opa Günther. Er verabschiedete sich schnell, und schon war er unterwegs.

Ein Gast kam und bat um die Rechnung. Sie würden morgen früh abreisen, da das Wochenende regnerisch bleiben sollte.

Oma Anni nickte und ging ins Büro.

Ich blieb allein zurück, saß auf der Eckbank und wartete. Ich blickte aus dem Fenster, sah in den grauen, wolkenverhangenen Regenhimmel und beobachtete einzelne Blätter bei ihrem Flug durch die Luft. Das machte Spaß. Ich wollte den Wind spüren, dazu kippte ich das Fenster. Obwohl der Wind deutlich nachgelassen hatte, pfiff er immer noch munter um das Haus.

Da kam ein Auto über die Auffahrt und hielt vor dem Fenster, aus dem ich blickte. Der Fahrer blieb im Auto sitzen, starrte zum Haus herüber und stieg nicht aus.

Ich konzentrierte mich wieder auf die Blätter im Wind und dachte nicht weiter darüber nach. Das Öffnen der Autotür nahm ich beiläufig wahr, auch die Schritte auf dem Kies hörte ich, und als ich schließlich den Blick von den fliegenden Blättern abließ, weiteten sich meine Augen vor Entsetzen, denn ich sah Philipp in groß aufs Haus zukommen.

Ich polterte von der Eckbank und rannte zu Oma Anni ins Büro. „D-da ko-kommt ei-einer!", stammelte ich und ruderte nervös mit den Armen.

Oma Anni unterhielt sich mit dem Gast, dem sie die Rechnung ausgestellt hatte.

Ich konnte keinen klaren Gedanken fassen. Unmöglich, dass es Philipp sein konnte, aber das Gesicht und der Gang, der Blick und die Körperhaltung, das war exakt Philipp!

Oma Anni sah mich fragend an. Das kam immer wieder vor, dass interessierte Urlauber direkt vor Ort nach einem freien Zimmer fragten.

„Was ist daran so ungewöhnlich, mein Schatz?",
fragte sie und legte den Arm um mich.

Ich kam mir blöd vor, doch ich wusste nicht,
wie ich es sonst hätte ausdrücken können. Dafür
ging es mir glatt über die Lippen: „Er sieht aus wie
Philipp."

Nun klappte Oma Anni die Kinnlade runter. Sie
entschuldigte sich bei dem Gast und stapfte ent-
schlossenen Schrittes Richtung Haustür.

Ich folgte ihr und blieb mit Abstand hinter ihr im
Hausflur stehen.

Oma Anni öffnete die Tür und der junge Mann
trat nervös von einem Bein aufs andere. Zuerst
sagte keiner etwas. Dann redeten sie beide gleichzeitig los, und ich verstand gar nichts. Der Wind
fuhr ebenfalls herein und die Tür zur Pensionsküche flog wieder mal zu.

Oma Anni winkte ihn herein und schloss schnell
die Haustür.

Wir standen im dunklen Hausflur und Oma Anni
wies alle in die Pensionsküche hinein. Sie bemerkte
mein erschrockenes Gesicht, und auch der junge
Mann wirkte extrem nervös.

„Okay, also, das ist ja eine Überraschung! Ehr-
lich, mit deinem Besuch hätte ich nicht gerechnet.
Und du siehst so anders aus! Wo sind deine langen
Haare und dein Bart?" Oma Anni räumte die

Bilderrahmen und Glasplatten vom Tisch und schubste mich sanft Richtung Eckbank.

„Magst du einen Kaffee?", fragte sie wieder dem jungen Mann zugewandt.

„Ich möchte keine Umstände machen", sagte er schüchtern und sah betreten zu Boden. Er hatte eine sehr tiefe Stimme, die gar nicht zu seinem Äußeren passte. Oder war das nur meine verschobene Wahrnehmung, weil er Philipp so ähnlichsah?

Er bückte sich und hob ein transparentes Blatt auf. Ich war in absoluter Alarmbereitschaft. Das war mein Bild von der Libelle! Wie kam das auf den Boden und wo war der Rest des Bildes?

„Das gibts ja nicht", gab Oma erstaunt von sich. „Wo kommt das jetzt her?"

Die beiden Bilder mussten durch den Windstoß vom Tisch geweht worden sein.

Oma Anni beschrieb dem jungen Mann das Bild von der Eidechse, und er suchte mit uns nach Siga. Wir sahen hinter der Eckbank, neben dem Herd, unterm Tisch, neben dem Schrank nach, aber es blieb spurlos verschwunden.

Oma blickte skeptisch drein. „Also, das ist ja wie verhext. Ich koche uns erst mal einen Kaffee. Kim, magst du auch was Leckeres?"

Meine Stimme versagte und ich wusste nicht so recht, nach was es mir überhaupt war.

Der junge Mann sah mich an. „Du bist die Kim? Inas Tochter? Wie alt magst du wohl sein?" „Ich bin 8 Jahre alt - und wer bist du?", fragte ich prompt und bissig. Die Frage war eigentlich überflüssig. Er musste Philipps Vater sein, der verflixte Vater, der Tante Julia mit einem kranken Kind alleingelassen hatte, seinem Kind, für das er sich offensichtlich nicht interessierte. Jetzt stand er hier in der Pensionsküche und blickte von mir zu Oma Anni und kannte wohl seinen eigenen Namen nicht mehr.

Wieder übernahm Oma Anni das Sagen. „Das ist Harald, Philipps Vater, wie man sieht."

Ich bekam schließlich eine extra Portion Schokoladeneis und durfte fernsehen. Erleichtert darüber, dieser Situation mit verführerischem Eis aus dem Weg zu gehen, ließ ich mich in Omas Wohnstube aufs Sofa fallen und stocherte mit dem Löffel auf dem harten Eis herum, bis es zu einer cremigen Masse wurde. Im Kinderkanal rauschte eine Doku über Elefanten durch den Fernseher, und ich nahm es nur halb wahr. Fragen und Gedanken schwirrten mir im Kopf herum. Warum tauchte Philipps Vater auf einmal auf? Oma war ebenso erstaunt gewesen. Was wollte er? Wusste er, dass Philipp hier war, oder dass er operiert worden war? Philipps zahlreichen Klinikaufenthalten nach, hätte er sich schon viel früher melden können. Und diese Ähnlichkeit, die ihn vertraut wirken ließ, irritierte mich zunehmend. Seinen Sohn konnte er auf keinen Fall leugnen. Was wollte er nur? Böse sah er jedenfalls nicht aus, eher traurig. Im Fernsehen sah ich, wie die Elefantenfamilie ihre kleinen Elefantenbabys vor einem Löwenangriff beschützte, indem sie sich zusammenstellten und die Kleinen in ihre Mitte nahmen. Welch ein beruhigender Gedanke! Ich schleckte den letzten Rest Eis vom Löffel und überlegte, zur Küchentür zu schleichen und ein wenig zu lauschen. Ich erinnerte mich daran, wie Mama mal vom Elefanten im Porzellanladen erzählte, und gerade das wollte ich jetzt nicht sein.

Mit der leeren Schüssel in der Hand schlich ich leise und vorsichtig Richtung Küche. Wenn sie mich dabei erwischen sollten, könnte ich ja behaupten, noch etwas Eis haben zu wollen. Mit klopfendem Herzen an einer Tür zu lauschen war nicht gerade meine Stärke. Die tiefe, sonore Stimme von Philipps Vater klang leise.

Meine Oma hörte ich mehrmals nur brummen. Der Inhalt ihres Gesprächs gab für mich keinen Sinn, und nur einzelne Wortfetzen fanden wirklich einen Weg in meinen Kopf. Ich hörte immerzu Julias Namen, und es war von Briefen die Rede und von Neuseeland. Wo war Neuseeland gleich noch mal?

Ich überlegte und stellte mir die Weltkugel vor und suchte in Gedanken Neuseeland darauf. Was hatte all das mit Philipp zu tun?

Mir glitt der Löffel aus der Schüssel. Klirrend landete er auf dem Boden. *Mist!* Ich hielt vor Schreck die Luft an.

Da war Oma bereits an der Tür. „Du bist ja schon fertig mit deinem Eis", stellte sie fest und grinste mich an. Sie hatte mich auf frischer Tat ertappt. Ich ergab mich und streckte ihr die leere Schüssel und den Löffel entgegen.

Es half nichts. Sie schickte mich noch mal weg und ich trottete zurück zum Fernseher.

So kam ich am Ende zu der Überzeugung, dass sich Philipp wohl mehr über das Schokoladeneis freuen würde als über seinen Vater, und ich hoffte, dass er schon bald in den Genuss kommen würde.

Viel Neues in der anderen Welt

KAPITEL 8

Fasziniert flog Lilo mit leichtem Flügelschlag über die Grenze und betrachtete die andere Welt von oben.

Die Sonne erreichte gerade ihren höchsten Stand, und der Wald, durch den sie flog, glich exakt dem friedvollen Wald, mit dem Unterschied, dass hier alles in Farbe war. *Wenn doch auch in meiner Welt alles wieder so schön bunt wäre,* dachte sie bei sich.

Sie entdeckte kleine Frösche und Fische im Wasser, denen sie vorsichtshalber in gebührendem Abstand zuwinkte. Bienen und Hummeln brummten von Blüte zu Blüte, kleine saftige Walderdbeeren blinzelten zwischen grünen Blättern hervor, und die Bäume spendeten einen angenehmen Schatten.

Unweit des Walds entdeckte Lilo eine Straße. Neugierig flog sie darauf zu und betrachtete sie ganz genau. Eine merkwürdige Hitze spiegelte sich auf dem Belag. Lilo fand das höchst erstaunlich. Es sah ganz anders aus als auf den Waldwegen, die sie bisher kannte. Asphalt war Lilo fremd, genauso wenig wie das, was plötzlich schnell näher kam und mächtig Wind machte. Lilo stürzte sich entsetzt ins hohe Gras. „Was war das?" Sogleich nahm sie die Verfolgung auf. Ein Auto flitzte über die Straße. Es legte sich in die Kurven und Lilo kam gar nicht nach. An einer Abzweigung hatte sie es wieder eingeholt. Das Auto wurde langsamer und blieb am Straßenrand stehen. Lilo flog näher heran und sah das erste Mal in ihrem Libellenleben einen Menschen direkt aus nächster Nähe. Eine Frau stieg aus und bückte sich am Straßenrand. Was hatte sie wohl entdeckt?

Neugierig schwebte Lilo darüber. Ein Tier lag leblos im Graben. Es kam eindeutig nicht aus dem Wald. Die Frau setzte sich daneben und betrachtete das tote Tier. Es war eine Katze. Lilo kannte bisher nur Tiere, die im Wald lebten. Einmal, als sie noch eine Larve gewesen war, sah sie einen Elefanten im friedvollen Wald, der sich verirrt hatte, aber das ist eine andere Geschichte. Die Frau kümmerte nicht mehr, was um sie herum geschah. Traurig streichelte sie über das grau gestreifte Fell der Katze. Was war hier geschehen? Lilo verlor alle Scheu und setzte sich zu ihren Füßen. Über das Gesicht der Frau kullerten Tränen, die ein Rinnsal über die Nase in den Mund und schließlich über das Kinn bildeten. So saßen sie eine ganze Weile. Was war dem Tier nur passiert? Warum musste es sterben? Da blickte die Frau auf und entdeckte Lilo zu ihren Füßen. Sie betrachtete die Libelle mit mildem und wehmütigem Blick und ließ sie einfach teilhaben. *Sie müssen einander gekannt haben,* überlegte Lilo und verstand, wie schwer es sein musste, sich von einem lieb gewonnen Freund verabschieden zu müssen.

Die Glut der Sonne brannte, doch das schien die Frau nicht zu stören, bis sie irgendwann ihre Beine wieder bewegen musste. Lilo flog auf einen Grashalm. Die Frau erhob sich mühsam und holte ein Stück Stoff aus dem Auto, wickelte die Katze darin ein und nahm sie mit in ihr Fahrzeug. Wie zum Gruß nickte sie zu Lilo und fuhr davon.

Lilo war noch ganz benommen von diesem Erlebnis. Davon musste sie sich erst einmal erholen.

Etwas später flog sie weiter und betrachtete die Welt von Neuem. Es gab so viel zu entdecken. Heuschrecken zum Beispiel, Bienen und Hummeln, auch andere Libellen, Amseln, Spatzen und große

Vögel, vor denen die Mäuse Reißaus nahmen. Rehe lagen im Schatten des Walds und Hasen duckten sich tief in ihre Mulden. Sie streifte vom Wald über die angrenzenden Felder und entdeckte die Gärten und Häuser der Menschen. Auf einem Bauernhof stand auch das Auto, das sie kannte, und nicht weit davon entfernt sah sie wieder die Frau in ihrem Garten. Sie hatte die Katze soeben begraben und legte gerade die Schaufel beiseite. Ihre wilden blonden Locken stopfte sie unter die blaue Stirnkappe zurück und wischte sich den Schweiß von der Stirn. Dann griff die Frau nach einem Korb und streifte durch den Garten, als würde sie nach etwas suchen. Sie bückte sich und sah unter alle möglichen Gegenstände, Sträucher und Stapel. Schließlich lief sie Richtung Waldrand und suchte weiter.

Da entdeckte sie erneut Lilo. „Da bist du ja wieder Libelle!"

Lilo zuckte zusammen. Sie war gemeint.

„Hilf mir", sagte die Frau. „Fanny hat hier irgendwo ihre Jungen versteckt. Ich muss sie finden, bevor sie verhungern oder Wildtieren zum Opfer fallen."

Und Lilo verstand. Konnte die Frau eigentlich auch sie hören? Lilo versuchte mit ihr zu reden, doch sie reagierte nicht. Stattdessen ließ die Frau keine weitere Zeit verstreichen und suchte weiter nach den Katzenbabys ihrer toten Fanny.

Lilo folgte ihr und hielt ebenso Ausschau, auch wenn sie nicht wusste, wie diese Jungen wohl aussehen sollten. Wo konnten sie sich versteckt haben? Entschlossen kletterte die Frau über ihren eigenen Zaun und schritt auf eine Baumgruppe am Waldrand zu. Ein Holzstapel befand sich daneben. Sie kniete sich nieder und lauschte konzentriert. Wilde Sträucher und Dornen rankten auf der anderen Seite, und dort entdeckte Lilo etwas kleines Pelziges. Sie flog wie wild umher, bis auch die Frau darauf aufmerksam wurde. Ein Stückchen weiter maunzte es erbärmlich leise. Lilo war sehr aufgeregt und beobachtete, wie sie sich behutsam zu den kleinen Katzenbabys vorantastete. Drei kleine Wollknäuel lagen bereits in ihrem Korb. Emsig suchte sie weiter, lauschte und wühlte mit ihren Fingern in jeden kleinen Spalt. Das vierte und letzte Katzenkind war grau gestreift wie seine Mutter und gab keinen Laut von sich. Es lag fast unter dem Holzstapel.

Die Frau hauchte ihm ins Gesicht, suchte nach seinem Atem und massierte das kleine Bäuchlein, bis es sich endlich ein bisschen bewegte. Schnell lief sie zurück zum Haus, und Lilo sah ihr erleichtert nach. Was für ein unglaubliches Erlebnis!

Die Sonne zog in den Westen, und der Abend nahte.

Lilo bedankte sich für diese Abenteuer und war dabei, wieder zurück in den friedvollen Wald zu kehren, da entdeckte sie weitere Menschen, die durch den Wald streiften. Ein Mann und zwei kleine Kinder gingen spazieren. Noch ganz beflügelt von der wunderbaren Begegnung mit dieser besonderen Frau näherte sie sich der kleinen Gruppe. Es fühlte sich fast schon gewohnt an, Menschen zu begegnen, sie zu sehen und von ihnen gesehen zu werden.

Lilo flog einige Kreise um sie herum, setzte sich schließlich auf ein Blatt und ließ die Menschen näher kommen. Dann vernahm sie ihren Namen. Es durchdrang sie wie ein elektrischer Blitz. Der kleine Junge kannte ihren Namen und schlagartig wusste sie, wen sie vor sich hatte.

Der Elefant im Porzellanladen

KAPITEL 9

Der nächste Tag war ein Samstag, und Oma Anni wuselte emsig durchs Haus. Es gab jede Menge zu tun. Meine Eltern waren auf dem Weg hierher. Sie wollten ursprünglich erst Sonntag kommen, um mich abzuholen. Angesichts der Ereignisse kamen sie schon früher und wollten übernachten. Wind und Regen hatten sich gelegt, und Opa Günther war draußen, um nach Sturmschäden Ausschau zu halten und einige Besorgungen zu erledigen. Ich half beim Kuchenbacken, schnitt Äpfel und rührte den Teig. Ein Braten schmorte im Ofen der Pensionsküche, und wir formten Klöße für das Mittagessen. Der Kuchen landete im Backofen oben in der Wohnung, und Oma sprang zwischen den Stockwerken hin und her. Wir erwähnten nichts mehr vom gestrigen Besuch. Oma Anni hatte mich am Abend zuvor darum gebeten, erst mal mit keinem darüber zu reden. Sie wollte das in Ruhe mit Opa Günther und Tante Julia besprechen. Ich hatte es beinahe vergessen, genauso wie das Bild von Siga, der Eidechse. Ich dachte gar nicht mehr daran.

Meine Eltern kamen im Laufe des Vormittags an. Papa warf mich vor Freude mehrmals in die Luft. Sie wirbelten beide lustig durchs Haus und erkundigten sich nach Philipp. Kurz darauf fuhr meine Mutter ins Krankenhaus, um Tante Julia abzulösen. Ich saß mit meinem Papa in der Pensionsküche. Er sog die vielen guten Gerüche ein und freute sich über eine gute Tasse Kaffee.

Opa Günther kam mit zwei großen Kürbissen zurück.

„Was sind das denn für Monster?", meinte Oma und lachte. Sie wollte eigentlich etwas kleinere Exemplare. Sie blickte hin und her und überlegte. „Mögt ihr einen Kürbis aushöhlen und schnitzen?" Die Frage stellte sie in den Raum, und Opa Günther machte sich schnell davon.

Papa rührte seinen Kaffee kräftig um und zuckte ein wenig mit den Schultern, was so viel heißen sollte wie: Wenn es sein muss.

So hantierten wir nach besten Kräften und machten eine mächtige Sauerei am Tisch.

„Was hast du denn so gemacht in der Woche?",
wollte Papa wissen, während seine Hand tief im
Kürbis steckte.

„Alles Mögliche", war meine Aussage, die er so
wohl nicht hören wollte. Ich überlegte, erzählte
dann von der Kokosnuss und ihrem Bauernhof,
dem süßen Kälbchen, das ich füttern durfte, von
der Elefantenherde im Fernsehen und wie ich Oma
Anni helfen durfte.

Papa gab immer wieder ein „Ah" oder „Oh"
von sich, nickte und hörte mir zu, bis ich fertig
war. Dann kratzten wir schweigend das restliche
Kürbisfleisch heraus.

„Konntest du wenigstens ein bisschen mit Philipp
spielen?", fragte er mich nach einer Weile.

Ich nickte. Stumm machten wir weiter.

Er blickte mich verständnisvoll von der Seite an
und gab mir einen Kuss auf die Backe.

„Wir haben hier einen ganz schönen Saustall hinter-
lassen", meinte er schließlich, als wir endlich fertig
waren. Dann sah er das Bild von der Libelle auf dem
Küchenschrank liegen. „Hast du wieder gemalt?"

Meine schmierigen Hände zeigten auf die leere
Wand, wo es gehangen hatte. „Nein, das ist doch
runtergefallen", erzählte ich.

Papa suchte nach dem Komposteimer und hörte
mir weiter zu.

„Dann haben wir nicht gleich einen neuen Rahmen gefunden, und jetzt ist das Bild mit der Eidechse verschwunden. Nur noch die Libelle ist da. Stell dir vor, der Mann hat sie am Fußboden entdeckt."

„Welcher Mann?", fragte Papa nach, und die Röte schoss mir augenblicklich ins Gesicht.

Ich war dabei, etwas zu verraten, das gefiel mir überhaupt nicht. Ich hatte es Oma Anni versprochen.

„Was ist denn los?" Papa ließ das glitschige Kürbiskerngebinde wieder auf den Tisch fallen.

Ich war aufgeregt und da kommen mir die Worte immer sehr schwer über die Lippen. „Phi-Phil-Philipps Va-Vater", stotterte ich.

Ungläubig sah er mich an. „Harald – hier?"

Ich nickte.

Da kam Oma zur Tür rein und blickte von einem zum anderen. „Ihr seht ja beinahe selbst aus wie kleine Monster", stellte sie fest und grinste.

Ich wurde knallrot, und Papa sah ziemlich entgeistert drein.

„Welches Gesicht wollt ihr dem Monster denn geben?", fragte Oma Anni.

Papa überlegte mit Oma ein paar Möglichkeiten für schöne Fratzen. Ich war erleichtert, Papa hielt dicht und fragte nicht weiter nach, obwohl mir sein fragender Blick nicht entging. Der Kürbis bekam seine Fratze und einen Platz vor der Haustür. Papa hatte die Idee, noch etwas Kürbiskerngebinde vom Abfall zu holen und dem Monster aus dem Mund gleiten zu lassen. Das sah sehr witzig aus.

Wir standen alle zusammen und bestaunten das Werk, als Tante Julia in den Hof fuhr.

Wenn ich meine Familie an solchen Tagen sah, dann kam sie mir wie die Elefantenherde im Fernsehen vor. Die Großen standen um die Kinder und beschützten sie. Das war ein gutes Gefühl und an solchen Tagen wünschte ich mir, dass es für immer so bliebe. Nur Tante Julia kam mir manchmal seltsam vor. Sie hatte mal gute, mal schlechte Laune und oft wusste ich eigentlich schon vorher, ob es besser war, ihr aus dem Weg zu gehen. Da konnte ich Philipp gut verstehen, wenn er versuchte, ihr zu entwischen.

Als sie so auf uns zukam, erkannte ich schon ihre schlechte Laune. Sollte sie doch froh sein, dass wir alle da waren. Sie grüßte nicht und sah den Kürbis nicht mal an.

„Woher zum Teufel weiß Harald, dass Philipp eine Blinddarmoperation hatte?", schrie sie uns entgegen und funkelte Oma Anni böse an.

Oma Anni blickte verdattert drein und wich ein paar Schritte zurück.

Opa Günther blickte überrascht von einem zum anderen, Papa nahm mich beiseite und versuchte, mit mir ins Haus zu gehen.

Doch Tante Julia wirbelte herum und setzte ihr Schreien weiter fort: „Und von wegen Schokoladeneis! Ha, habe ich mir doch gleich gedacht, dass das nicht der Wetteinsatz war. Eines sage ich euch: Philipp wird in München zur Schule gehen und dabei bleibts!"

Opa Günther hielt den Finger an seinen Mund. „Hör auf, so rumzubrüllen! Komm rein und lass uns vernünftig reden!"

Doch Tante Julia schüttelte sich wie ein Hund und rannte daraufhin Richtung Wald.

Opa Günther hinterher.

Papa und ich nahmen Oma Anni an der Hand. Sie wirkte so verloren und ich meinte, sie würde jeden Moment zusammenbrechen.

„Ich hatte gehofft, es kommt anders", meinte Oma Anni, als wir in der Pensionsküche saßen. „So ist sie halt, unsere Julia", seufzte sie und hatte schon wieder etwas mehr Farbe im Gesicht. Oma Anni erzählte meinem Papa die ganze Geschichte von Harald, als er gestern auf einmal hier aufgetaucht war. Dann machte sie ihren Gedanken Luft. „Harald war damals auf einmal verschwunden und wir wussten ja nicht, was bei den beiden schiefgelaufen ist. Julia ist nie wirklich damit herausgerückt. Sie hatten jedenfalls keinen Kontakt mehr. Und keiner von uns wusste, dass er Julia Briefe geschrieben hat. Dabei hat Julia seine Briefe nie beantwortet, und Harald wusste bis vor Kurzem nicht einmal, dass Philipp Mukoviszidose hat", beendete Oma ihre Erzählung.

Papa saß da und knetete nervös seine Finger.

Ich konnte mir nicht vorstellen, dass meine Eltern einmal nicht mehr miteinander reden würden. Ebenso wenig konnte ich mir vorstellen, keinen Papa zu haben. Ich glaube, Philipp hat das bisher nicht gestört und vermutlich auch nicht interessiert. Doch was würde nun passieren? Es fühlte sich bisher alles so richtig an, auch ohne einen Papa. Es war einfach nicht wichtig. Ich dachte das zumindest bisher so. Meine Familie hielt wie eine Elefantenherde zusammen. Es tauchte auch sogleich wieder das Bild der eng zusammenstehenden Elefanten von der gestrigen Fernsehdokumentation auf. Anstelle der Löwen sah ich am Waldrand allerdings plötzlich einen einsamen großen Elefanten, der auf die Herde starrte.

„Und gestern ist er einfach nach all der Zeit hier aufgetaucht", meinte Oma und zuckte verwirrt mit den Schultern.

Papa blickte weiter auf seine verknoteten Finger.

Wo war er denn die ganze Zeit?, fragte ich mich.

„Stell dir vor, er war in Neuseeland", schnaubte Oma kurz darauf. „Das wusste ich gar nicht. Er nahm an irgendeinem Projekt zur Artenerhaltung neuseeländischer Tiere teil. Das wäre seine Chance gewesen, sagte er mir gestern, und diese Chance passte nicht zu Julias Schwangerschaft. Er hatte sie angefleht mitzugehen, doch sie wollte nicht. Dann hat er wohl gehofft, sie komme nach der Geburt mit dem Kind nach. Julia hat ihm nie geantwortet."

Papa nickte und erinnerte sich. „Er hat oft von Neuseeland erzählt."

Oma schüttelte sich. „Fünf Jahre, Jo! Das ist eine verdammt lange Zeit für so ein Projekt. Das versteht doch kein Mensch, und wie soll Philipp das erst begreifen?"

Papa schluckte. „Da hast du recht, und ich wundere mich, was da passiert ist. Sie wirkten damals so glücklich."

Oma Anni massierte ihre Oberschenkel. „Ja genau. Sie waren so verliebt ineinander, und ich begreife nicht, wie es so weit kommen konnte." Sie stand auf. „Ich koche die Klöße fürs Mittagessen. Hoffentlich hat überhaupt jemand Hunger."

Die Elefanten waren nicht hungrig. Sie standen aufgeregt zusammen. Doch fragte ich mich, welcher Elefant eigentlich im Porzellanladen hockte?

Nächtliches Wiesenglühen

KAPITEL 10

Die Abendsonne war bereits untergegangen, als Lilo im friedvollen Wald ankam. Die Grenze war gerade noch sichtbar und das Grau, das sich breit machte, fiel ihr gar nicht so sehr auf. Es wurde dunkel, und Lilo suchte nach einem schönen Plätzchen zum Schlafen. Sie fand ein perfektes Versteck zwischen Brombeeren und Büschen. Während sie sich putzte, war sie in Gedanken noch ganz in der anderen Welt. Der Junge hatte ihren Namen gerufen. Es klang immer noch durch ihren ganzen Körper. Sie hatte mehrere Loopings gedreht und war rückwärts geflogen. Philipp war eindeutig mit dem friedvollen Wald verbunden. Es ging eine magische Kraft von ihm aus. Von Siga war allerdings weiterhin keine Spur, und Lilo wusste immer noch nicht, warum hier alles grau war. Es gab immer noch viele Fragen, um die sie sich kümmern musste. Was würde der morgige Tag wohl bringen?

Lilo war gerade dabei, ihre Augen langsam zu schließen, als es über der gesamten Lichtung zu glitzern und leuchten begann. Unzählige kleine Pünktchen flackerten auf und schwebten über die Wiese. Dann hörte sie ein Wispern. Lilos Augen wurden wieder ganz groß. Ein kleiner Käfer flog direkt vor ihr und kicherte lustig vor sich hin, als sein Hinterteil zu leuchten anfing.

„Die Party kann beginnen", sang der kleine Käfer und stürzte sich ins nächtliche Wiesenglühen. Es sah aus wie Sterne am Himmel, und so müde Lilo auch war, sie musste sich dieses Schauspiel ansehen.

„Möchtest du mit uns tanzen?", fragte ein Käfer, und Lilo ließ sich das nicht zweimal sagen.

Was für ein Spaß! „Wie kommt es, dass euer Hinterteil leuchtet?", fragte Lilo nach einer Weile einen der Käfer.

„Och, das ist ganz einfach. Im Hochsommer heizt uns die Sonne auf, und abends glühen wir um die Wette."

„Hey, Tangel, du alter Käfer, wo bist du? Sieh doch mal, wir haben einen Gast", rief ein anderer Käfer.

Dann suchten sie nach Tangel und Lilo überlegte, ob er wohl ihr Anführer sei oder so etwas in der Art.

Ein besonders dicker Käfer flog heran und stellte sich netterweise als Tangel vor. „Der Südwind hat mich beinahe davongetragen", sagte er lachend und klopfte sich belustigt auf seinen dicken Bauch. "Hat er heute wohl nicht ganz geschafft."

„Oh!" Das überraschte Lilo. Dieser Tangel sprach vom Südwind. Vielleicht wusste er etwas Wichtiges, das ihr weiterhelfen konnte. „Was sagt er denn, der Südwind?", hakte sie nach.

Tangel kicherte vor sich hin. „Na, was so ein Südwind eben sagt."

„Erzähl mir davon. Ich brauche Rat", bat Lilo und sie ließen sich gemeinsam auf dem Brombeergebüsch nieder.

„Warum brauchst du Rat vom Südwind, und was möchtest du denn hören?", wollte Tangel wissen und Lilo erzählte ihre Geschichte.

„Höchst interessant, meine Liebe", sagte Tangel kopfnickend, als Lilo mit ihrer Geschichte fertig war. „In der Tat könnte ich mir vorstellen, dass es in unserer wie in der anderen Welt Grenzgänger wie dich gibt."

„Vielleicht kann mir der Südwind helfen, Siga zu finden?", beendete Lilo ihre Erlebnisse.

Lustig tanzte er ein paar flotte Kreise auf und ab. Dabei leuchtete sein Hinterteil besonders hell. „Der Südwind ist leicht und unbeschwert", rief er

Lilo zu. „Er zeigt uns immer wieder, wie schön das Leben ist. Es gibt zwar auch Gewitter und Stürme, sie können heftig und zerstörerisch sein, doch meist sind sie nur von kurzer Dauer." Tangel setzte sich wieder neben Lilo. „Deine Geschichte ist wirklich sehr spannend. Wir werden alle unsere Augen offen halten, was deinen Freund Siga betrifft."

Lilo bedankte sich, und wie von Zauberhand hörte das Glühen wieder auf und von den Käfern war nichts mehr zu sehen und zu hören. Lilo war umgeben von der Nacht. Diese plötzliche Ruhe ließ auch Lilo still werden.

Ganz leise und sanft fuhr der Südwind über die Gräser und Sträucher, und warme Luft brachte Lilo die Bestätigung, dass alles gut war. Sie entspannte sich.

Da flog lautlos eine Eule von ihrem nächtlichen Streifzug zu einem naheliegenden Baum. Sie setzte sich auf einen dicken Ast und sah direkt in Lilos Richtung.

„Du bist schon weit gekommen, kleine Libelle", meinte sie und winkte Lilo zu sich herauf.

„Woher weißt du das?", wollte Lilo wissen, aber so wirklich wunderlich fand sie es mittlerweile nicht mehr, dass andere mehr über sie wussten als sie über die anderen. Sie flog nach oben und setzte sich auf ein Blatt gegenüber der Eule, die sogleich den Kopf in ihre Richtung drehte. Fasziniert sah Lilo den Sternenhimmel, der sich diesmal in den Augen der Eule spiegelte.

„Wusstest du, dass jedes Tier im friedvollen Wald mit einem Menschen aus der anderen Welt verbunden ist? So wie Siga mit Philipp. "

Lilo sah die Eule entgeistert an. Die Eule wusste offensichtlich über einiges Bescheid. „Philipp habe ich heute bereits entdeckt. Aber von Siga war keine Spur", erzählte Lilo aufgeregt. Hatte sie ihn etwa übersehen? Außerdem überrollte sie gerade die Feststellung, dass jedes Tier mit einem Menschen aus der anderen Welt verbunden war. Sie konnte sich das überhaupt nicht vorstellen. Bis vor Kurzem wusste sie ja nicht einmal, dass es zwei Welten gab, geschweige denn eine Grenze. Wer weiß, vielleicht gab es noch andere Welten, außer diesen beiden, die sie kannte?

„Ich verstehe gar nichts mehr", jammerte Lilo. „Wie soll das funktionieren?"

Die Eule streckte kurz ihre Flügel aus und plusterte ihr Gefieder auf. Weise erzählte sie weiter. „Es passiert einfach, wie alles seinen Anfang hat. Meist träumen sie voneinander. Es gibt sogar Menschen, die wünschen sich einen Helfer."

In Lilo purzelte alles durcheinander. *Wenn das stimmt,* dachte sie bei sich, *dann hat alles im friedvollen Wald auf einmal eine ganz andere Bedeutung für mich.*

„Du sagst, Siga und Philipp gehören zusammen?", fragte Lilo nach.

Die Eule nickte.

„Und jedes Tier hat einen Menschen in der anderen Welt?"

Wieder nickte die Eule.

In Lilo schien alles zu explodieren. Ein Gedanke nach dem anderen drängte sich ihr auf. Aufgeregt fing sie an sich zu putzen.

„Bei Philipp und Siga war alles sehr außergewöhnlich, denn der Junge verfügt über eine besondere Gabe", meinte die Eule nach einer Weile.

Diesmal war es Lilo, die nickte. Das hatte sie auch schon erkannt.

„Philipp hat ein Fantasieloch und das ermöglicht ihm, die Tiere vom friedvollen Wald gut zu kennen", erklärte die Eule.

„Oha, was ist denn ein Fantasieloch?", wollte Lilo wissen und stellte sich augenblicklich ein großes schwarzes Loch vor, in dem alles verschwindet. Sie meinte, die Eule grinsen zu sehen.

„Ein Phantasieloch ist ein äußerst praktisches Tor zur eigenen Wirklichkeit." Das klang sehr kompliziert, deswegen fuhr die Eule nach einer kurzen Pause fort: „Es ist eine wunderbare

Möglichkeit, mit dem friedvollen Wald in Verbindung zu sein. Philipp hat diese Gabe und nutzt sie sehr oft. Wenn das doch nur mehr Menschen so machen könnten, dann hätten wir weniger Probleme im friedvollen Wald."

„Was willst du damit sagen? Sind etwa die Menschen für das Grau verantwortlich?"

Die Eule spitzte ihre Ohren. „So kann man das nicht sagen. Da gehören schon zwei dazu. Und das Grau ist es gar nicht, was mir Sorgen bereitet."

Lilo sah die Eule höchst skeptisch an. „Ach nein, das macht dir keine Sorgen? Ich finde es höchst bedenklich!"

„Grau ist die Farbe der Veränderung. Wusstest du, dass in der Farbe Grau alle Farben enthalten sind? Gerade liegen viele Dinge in der Luft, die sich ändern und dann passiert das schon mal, dass der friedvolle Wald für eine Weile grau ist. Das Neue kündigt sich sogar bereits an. Die ersten Blumen haben ihre Farbe wieder und auch die Sonne scheint strahlend gelb."

„Warum müssen sich Dinge überhaupt ändern? Kann nicht alles so bleiben, wie es ist?" Lilo fand das alles sehr anstrengend.

Doch die Eule fuhr unbeirrt fort: „Das ganze Leben besteht aus Veränderungen. Einige Dinge verändern sich automatisch, andere hingegen können wir selbst gestalten. Kommt ganz auf jeden Einzelnen von uns an."

„Was stimmt dann im friedvollen Wald nicht?", wollte Lilo wissen.

Die Eule drehte ihren Kopf in alle Richtungen. „Es sind die Tiere. Ist dir noch nicht aufgefallen, dass es immer weniger werden?"

Das war Lilo entgangen, oder hatte sie sich nicht schon mal Gedanken darüber gemacht, es dann aber wieder vergessen? In der anderen Welt waren mehr unterschiedliche Tiere und Insekten. Stimmt, das war es! Betroffen blickte Lilo an sich herunter. Das hatte sie gar nicht bedacht. „Wo stecken die Tiere? Sind sie alle wie Siga unterwegs?", überlegte Lilo.

„Das wäre schön, aber ich schätze, da steckt noch etwas anderes dahinter", überlegte die Eule.

„Vielleicht kümmern sich die Menschen zu wenig um ihre Helfer?" Lilo seufzte auf. „Wenn das so wäre, was könnte man dagegen tun?"

„Die Tiere könnten sich in Erinnerung bringen", meinte die Eule.

„Und wie macht man das?", fragte Lilo nach.

„In Träumen zum Beispiel, oder wenn die Menschen in der Natur sind und dort Tiere entdecken."

Das hörte sich doch ganz einfach an. „Das ist doch machbar, oder?", meinte Lilo.

„Gewiss, aber tun müssen sie es", antwortete die Eule.

„Wie sieht das mit Insekten aus? Haben die auch Menschen, denen sie helfen können?" „Manche ja."

„Ich auch?", fragte Lilo nach.

„Oh ja, selbstverständlich", versicherte ihr die Eule.

Aufgeregt flatterte Lilo mit ihren Flügeln und überlegte. „Wer könnte das sein?"

„Das weißt nur du selbst." Die Eule sah sie lange an und zwinkerte ihr dann zu. „Na, weißt du jetzt, welcher Mensch zu dir gehört?"

„Ich glaube schon", sagte Lilo strahlend, bedankte sich bei der Eule und flog in die Brombeersträucher zum Träumen.

Vorfreude

KAPITEL 11

Die Zeit bis Dezember verging schneller als gedacht, und ich fieberte schon sehr unserem Weihnachts-fest auf dem Hallwicher Hof entgegen. Für uns stand die Ferienwohnung Eins bereit, und für Tante Julia und Philipp das Zimmer, in dem sonst immer Philipp und ich übernachteten.

Diesmal brauchten wir noch ein weiteres Zimmer, nämlich eines für Onkel Harald. So nannte ich ihn nun. Kurz nach den Herbstferien, als Philipp aus dem Krankenhaus entlassen worden war, sah er seinen Vater das erste Mal. Von diesem Zeit-punkt an besuchte ihn Onkel Harald regelmäßig. Sie unternahmen sogar Ausflüge und schienen sich gut zu verstehen. Ich war sehr gespannt darauf.

Meine Eltern benahmen sich in der Adventszeit sehr eigenartig. Sie alberten und flüsterten ständig miteinander. Keine Ahnung warum. Meistens wusste ich so ungefähr, was ich zu Weihnachten bekam, aber diesmal tappte ich ganz schön im Dunkeln. Der Adventskalender war im Gegensatz zu den vorherigen sehr großzügig und ich fand total witzige Sachen, wie zum Beispiel eine bunt geringelte Strumpfhose, Zauberstifte, eine neon-gelbe Reisezahnbürste, die beim Putzen leuchtete, einen Gürtel und beim nächsten Türchen das passende Kleid dazu. Das fand ich ganz schön viel, und sie freuten sich jeden Tag, wenn ich total erstaunt das nächste Türchen aufmachte. Ich freute mich, doch insgeheim überlegte ich, was mit den beiden los war.

Am Abend vor unserer Fahrt zum Hallwicher Hof kamen beide feierlich in mein Zimmer. Ich packte gerade meinen Koffer. Sie setzten sich auf mein Bett und sahen aus, wie König und Königin höchstpersönlich auf ihrem Thron.

„Was ist eigentlich mit euch los?", fragte ich und stemmte meine Hände entschlossen in die Hüfte.

„Bist du schon fertig mit Kofferpacken?", fragte Papa, doch ich wollte mich nicht ablenken lassen.

„Haben wir etwa im Lotto gewonnen, oder was?" Da bogen sich beide vor Lachen und ich plusterte entrüstet meine Backen auf. „Ihr seid so albern!", jammerte ich und drückte mich zwischen die beiden aufs Bett. Papa küsste mich auf den Kopf, und Mama nahm mich bei der Hand.

„Wir müssen dir was sagen, mein Schatz."

„Dann nur mal raus damit!" Erwartungsvoll sah ich von einem zum anderen.

„Ich bekomme ein Baby. Ende Mai wirst du eine große Schwester sein", sagte Mama. Ich weiß nicht, was ich hören wollte, doch diese Nachricht lag mir schwer im Magen. Eine Veränderung lag bereits seit einigen Wochen in der Luft. Ich konnte nicht glauben, was ich da hörte. Ungläubig starrte ich ins Leere.

Mama stand auf. „Noch kann man es nicht sehen, aber hier", sie strich sich zärtlich über den Bauch, „hier befindet sich ein kleiner Bruder, oder vielleicht auch eine kleine Schwester."

„Aha", kam es aus meinem Mund, mehr konnte ich erst mal nicht sagen.

„Du bist genauso erstaunt wie ich", stellte Papa fest.

Ich sah mich nach meinem Koffer um und packte weiter ein.

Betroffen sahen sie mir zu.

Sollte ich jetzt ein Tänzchen machen, Mamas Bauch abhören oder vor Freude in die Hände klatschen? Ich wusste nicht, wie ich mich verhalten sollte. Wie auch? Ich wusste nicht, dass sie mehr Kinder als mich wollten. Das hatten sie nie gesagt, nie darüber gesprochen, und ich hatte bisher nicht über so etwas in der Art nachgedacht. Mama war die letzten Jahre oft zu Tante Julia gefahren, wenn sie wegen Philipp Hilfe brauchte, weil er einen Krankheitsschub hatte. Dafür musste sie Urlaub nehmen. Sonst ging sie zur Arbeit wie Papa. Ich ging nach der Schule in den Hort.

Da ist doch gar keine Zeit für ein Baby!, dachte ich bei mir. Sie sahen mir stumm beim restlichen Packen zu, bis ich den Koffer unverhältnismäßig fest zudrückte und der Deckel schief stand. Papa bückte sich und half mir die Schnallen zu schließen.

„Lasst uns zu Abend essen", meinte er und zog mich vorsichtig, aber bestimmend an den Händen nach oben.

„Ich habe auch Hunger", meinte Mama und sah mich versöhnlich an.

„Okay", sagte ich mit einem dicken Kloß im Hals und zog an beiden vorbei in die Küche. Dort war bereits alles liebevoll gedeckt, und die Kerzen am Adventskranz brannten. Ich bekam ein schlechtes Gewissen. Sie gaben sich wirklich sehr viel Mühe mit mir. Ich brauchte aber Zeit, um die Neuigkeiten zu verdauen.

So saßen wir in unserer kleinen Küche wie drei frisch gebackene Pfefferkuchenmännchen.

Erst am nächsten Tag während der Autofahrt fing ich an, Fragen zu stellen. Vergnügt sprachen wir über das Geschwisterchen, was wir alles brauchen, wo es schlafen wird und solche Sachen.

Da werden die anderen bestimmt auch staunen, wenn wir ihnen diese Neuigkeit erzählen, dachte ich bei mir und spürte das erste Mal, wie es sich anfühlte, eine stolze Schwester zu werden. Nach all der Aufregung war ich mit schiefem Kopf in meinem Kindersitz eingeschlafen und wachte erst auf, als unser Auto bereits im Hof stand und meine Eltern die ersten Taschen aus dem Kofferraum holten.

Oma Anni klopfte an die Autoscheibe und zwinkerte mir fröhlich zu.

Ich freute mich riesig auf meine Großeltern, auf die ganze Familie und unsere gemeinsamen Tage am Hallwicher Hof.

Auf dem Platz am Eingang, an den wir im Herbst den ausgehöhlten Kürbis gestellt hatten, saß eine hölzerne, etwa einen halben Meter hohe Eule. Opa Günther hatte sie von einem Freund schnitzen lassen. Sie sah uns mit ihrem beeindruckenden hölzernen Gesicht an. Das sollte aber nicht die einzige Veränderung am Hallwicher Hof sein.

Wir räumten gerade unsere Sachen in die Ferienwohnung Eins, als ein fremdes Auto in den Hof gefahren kam.

Überraschenderweise stiegen Harald und Philipp aus. Die große Ähnlichkeit zwischen Vater und Sohn verblüffte uns, und wir hielten erstaunt inne. Philipp war der Einzige, der quietschvergnügt von einem zum anderen sprang. Onkel Harald wirkte extrem nervös und stand den restlichen Erwachsenen unsicher gegenüber.

Papa ging jedoch gleich auf ihn zu, begrüßte ihn wie einen guten alten Kumpel. Es war ihnen anzusehen, dass sie sich über das Wiedersehen freuten.

Opa Günther verschränkte angespannt die Arme, bis Oma Anni ihn anrempelte. Da vergrub er die Hände in den Hosentaschen, worauf sie ihm einen ermahnenden Blick zuwarf.

Mama drängte sich dazwischen und begrüßte Onkel Harald als Nächstes.

„Und wo steckt Julia?", fragte sie.

„Sie hat noch etwas zu erledigen", meinte Onkel Harald und sah schüchtern von einem zum anderen. Er nickte mir vorsichtig zu.

„Ach so, ich dachte, ihr kommt zusammen", meinte Oma Anni und trat auf ihn zu.

Onkel Harald wippte nervös von einem aufs andere Bein. „Ich werde am ersten Weihnachtsfeiertag wieder fahren, meine Eltern besuchen", erklärte er und presste seine Lippen fest aufeinander.

Opa Günther räusperte sich und nahm seine Hände wieder aus den Hosentaschen. „Klar, verständlich", sagte er und gab Onkel Harald die Hand, der dastand, als hätte er einen Stecken verschluckt.

„Willkommen am Hallwicher Hof!", grüßte er eine Spur zu förmlich. Zwischen den beiden lag etwas in der Luft. Mir schoss in Gedanken der einsame Elefant durch den Kopf. Mal sehen, was aus dem noch wird. Ich hörte regelrecht das Trompeten einer ganzen Elefantenherde.

Über Weihnachten und Neujahr gab es am Hallwicher Hof keine Pensionsgäste. Wir waren unter uns, und Oma Anni konnte sich ganz auf das lustige Familientreiben einlassen.

Kurz vor Abend kam Tante Julia nach. Sie hatte das ganze Auto voller Geschenke und war guter Laune. Bis auf Onkel Harald küsste sie alle zur Begrüßung. Er bekam nur einen flapsigen Klaps, das bemerkten wir alle.

Ehe meine Eltern von unserem Nachwuchs erzählen konnten, gab es erst einmal eine weitere wundervolle Überraschung. Wir standen im Wohnzimmer und betrachteten gerade den prachtvoll geschmückten Weihnachtsbaum. Oma Anni stupste Philipp und mich an und zeigte an die gegenüberliegende Wand. Da hing ein nagelneuer goldfarbener Bilderrahmen. Darin die beiden Bilder von Lilo und Siga – wie eh und je.

„Wie ...?", wollte ich wissen.

Oma Anni lachte. „Gell, da staunst du!" Als Erna mal auf einen Kaffee bei ihr war, lugte plötzlich eine Ecke des Bildes unterm Kühlschrank hervor, erzählte sie. Erna zog daran und das Bild von Siga tauchte wieder auf. Es war also unter den Kühlschrank geweht worden. Da hatten wir nicht nachgeschaut.

„Meinst du mit Erna, die Kokosnuss?", fragte Philipp.

Oma Anni verstand nicht ganz.

„Na ja, die Nachbarin mit dem roten Anzug und der blauen Stirnkappe nennen wir heimlich so, weil sie uns an den kleinen Drachen Kokosnuss erinnert", erklärte ich.

Oma Anni lachte laut auf. „Wenn sie das hört, wird sie sich kaputtlachen. Die Erna und ein Drache!"

„Ja, aber doch ein ganz lieber", sagte Philipp grinsend. Das erinnerte ihn an etwas. „Papa, zeig doch mal deinen Drachen!" Philipp klopfte seinem Vater auf den linken Oberarm. „Da ist ein echter Drache", meinte Philipp stolz.

Onkel Harald blickte wie damals in der Küche schüchtern zu Boden.

„Ja, zeig mal!", forderte mein Papa ihn auf.

Er ließ sich dann doch überreden und schlüpfte mit seinem Arm aus dem Pulli. Auf dem nackten Oberarm kam eine Tätowierung zum Vorschein, die wirklich gut gelungen war. Es blickte uns ein grau-grüner Drache mit kleinen Zacken vom Kopf bis zur Schwanzspitze entgegen.

Oma Anni sah erschrocken drein.

Ich musste das näher betrachten.

„Das ist ein Tuatara aus Neuseeland", erzählte Onkel Harald, und seine Faszination sprang sofort auf uns über.

„Und er hat drei Augen, seht nur!", rief Philipp voller Bewunderung dazwischen. Seine Art gehörte zu den sogenannten Brückenechsen, die seit Millionen von Jahren auf der Erde existierten. Zwei Arten davon lebten in Neuseeland auf der anderen Seite der Welt. Harald war als Tierforscher damit beschäftigt, das Leben dieser Tiere zu erkunden und zu schützen. Opa Günther sah erstaunt von Harald zu Philipp, der seinem Vater ebenso heißblütig folgte, wie dieser berichtete. „Und seht euch doch mal unseren Philipp an! Da wundert es mich nicht, dass sich der Junge von klein auf für Eidechsen interessiert."

Lachend stimmten wir ihm zu, bis Tante Julia meinte, es wäre Zeit für Philipp zum Inhalieren. Sie zog ihn fast ein bisschen zu heftig mit sich fort.

Gegen Abend bereitete Oma Anni mit meiner Mama das Abendessen in der Küche zu. Dafür hatten die Männer Platz im Wohnzimmer gemacht und zwei Tische und Stühle aus dem Frühstückszimmer nach oben in die Wohnung geholt.

Philipp und ich deckten mit Tante Julia den Tisch. Es duftete nach leckeren fränkischen Bratwürsten, die wir von zu Hause mitgebracht hatten, und kleine Fleischküchle brutzelten daneben. Mama würzte den Kartoffelsalat und wir lugten neugierig in die Küche. Die Käseplatte stand neben dem Herd und das Brot lag in Brotkörben bereit.

„Ki-Phi, könnt ihr die Platte und die Körbe schon mal auf den Tisch stellen?", rief uns Oma geschäftig zu.

Da entdeckte meine Mama eine Dose Katzenfutter. „Was ist denn das?" Fragend sah sie Oma Anni an. „Hast du etwa eine Katze?"

Oma Anni schüttelte den Kopf. „Nein, ich doch nicht!"

„Das dachte ich mir schon, oder habt ihr seit Neuestem Lust auf Tunfisch in Gelee?"

Bei Oma gab es nämlich öfter mal Tunfisch mit Erbsen und Karotten auf Toast.

Erschrocken sah ich Oma an. Hatte sie uns etwa schon einmal heimlich Katzenfutter aufgetischt?

Oma Anni amüsierte mein entsetztes Gesicht. Ausgelassen tippte sie mir gegen die Nasenspitze. „Na, du Naseweis, wer futtert außer Katzen gerne Katzenfutter?"

Ich stutzte. „Also ich nicht", sagte ich und lachte.

Philipp meinte: „Waschbären?"

Oma schüttelte abermals den Kopf. „Na, dann kommt mal mit. Ina, pass mal so lange auf die

Pfanne auf. Wir sind gleich wieder da." Sie nahm die Dose, einen Löffel und winkte Philipp und mir, ihr zu folgen.

„Ich will das aber auch wissen", rief uns meine Mutter nach. „Dann schalt den Herd aus und komm ins Malatelier", meinte Oma Anni und war auch schon dorthin unterwegs.

Auf den ersten Blick sah alles aus wie sonst. Auf der großen farbverschmierten Tischdecke lag allerlei herum: Dosen, Farbe und Pinsel, Lappen und Malpaletten zum Mischen, Papier und Stifte, am Boden weiße Leinwände und kreuz und quer Staffeleien mit fertigen und halb fertigen Bildern. In einer Ecke stand eine Holzkiste und es roch nicht nur nach Farbe im Raum. Ich konnte den Geruch nur nicht so ganz einordnen. Jedenfalls roch es nach Tier.

Philipp lugte als Erster über den Holzkistenrand. Ein Büschel Stroh lag darin.

Vorsichtig hob Oma Anni das Bündel an.

„Ein kleiner Igel!" Philipp strahlte.

Eingerollt blieb er regungslos sitzen.

Oma Anni erzählte, dass sie ihn im Herbst am Waldrand gefunden hatte. „Knapp über 300 g hat er gewogen, und das ist zu wenig für den langen Winter. So habe ich mir eine Holzkiste gesucht und lasse ihn hier überwintern."

Meine Mama erinnerte sich. „Als Julia und ich Kinder waren, hast du in München im Garten sogar mal zwei Igel gefunden und überwintert."

„Genau, und im Frühjahr lasse ich ihn wieder in die Freiheit", fügte Oma hinzu. Sie stellte das Futter auf den Tisch. Dort bereitete sie das Futter für den Igel zu und holte frisches Wasser.

Wir standen dabei und sahen ihr zu. „Oma, du bist ja eine Igelretterin!", sagte ich stolz und entdeckte ein halb fertiges Gemälde von einem Igel im Wald. „Das sieht aber schön aus", stellte ich fest.

Oma freute sich über so viel Zuspruch. „Wir können die Tage mal wieder zusammen malen, wenn du möchtest", wendete sie sich an mich.

Da hatte ich richtig Lust drauf.

„Wie sieht es eigentlich mit dem Abendessen aus?", fragte Opa Günther und lugte zur Tür rein.

„Erst das Igelchen", meinte Oma und grinste Opa pflichtbewusst an.

Opa stellte sich neben uns an die Kiste. „Na, wie gehts denn dem Freund?"

Der kleine Igel blickte verschlafen in all die fremden Augen und wunderte sich wahrscheinlich über so viel Besuch.

Im Brom-beergebüsch

KAPITEL 12

Die Sonne war gerade dabei aufzugehen und zeigte einen zarten orangefarbenen Ring, der sich über den Horizont ausbreitete. Es war ein herrliches Gefühl, dies in der ganzen Farbenpracht genießen zu können. Die ersten Strahlen berührten die Bäume und Blätter, und das satte Grün erschien wieder wie selbstverständlich, als ob nichts gewesen wäre.

Lilo atmete erleichtert auf. „Also ist bald Schluss mit den Veränderungen."

Noch angenehm berührt von ihrem Traum entfaltete sie ihre Flügel und begann ihre Morgenwäsche. Wohin würde ihre Reise sie heute führen? Genussvoll sortierte Lilo erst einmal in aller Ruhe ihre Gedanken und bisherigen Erlebnisse.

Den Ostwind hatte sie mit Hilfe des Kuckucks besucht und Frederika Krokulus mit ihrem wunderbar friedvollen Herzen kennengelernt.

Als Nächstes war sie von einem Fisch entführt und tief in die Erde zu Tuatara gebracht worden. Das war wirklich voll abgefahren, und sie ekelte sich ehrlich gesagt noch ein bisschen vor dem Fischgeruch, obwohl sie zuerst dachte, jetzt hätte ihr letztes Stündlein geschlagen. Doch durch Tuatara hatte sie erfahren, was sie selbst noch so alles draufhatte, und lüftete ihre eigenen Geheimnisse. Sie erkannte, dass sie eine Grenzgängerin war und lernte die Welt der Menschen kennen. Es war das Erlebnis mit der tierlieben und naturverbundenen Frau gewesen, das sie sehr tief berührt hatte.

Der nächtliche Südwind zeigte ihr die Leichtigkeit und Freude gemeinsam mit den Glühwürmchen im lustigen Spiel und Tanz. Tangel, das Oberglühwürmchen, erwies sich als guter Zuhörer und Freund. Der krönende Abschluss dieser wundervollen Nacht war schließlich das gute Gespräch mit der weisen Eule. Lilo fühlte sich stark und bereit weiterzugehen, um Siga immer mehr auf die Spur zu kommen. Dann war da dieser Traum von der anderen Welt und ihre Verbundenheit zu einem Menschen. Lilo konnte ihr Glück kaum fassen. Nun musste sie nur noch den West- und den Nordwind finden.

Unter den Brombeerbüschen raschelte etwas. Lilo sah nach unten und entdeckte einen Igel, der gerade dabei war, sich in der Hecke zu verstecken.

„Was machst du denn da?", fragte Lilo neugierig. „Wieso verkriechst du dich denn in dem dornigen Gebüsch?"

Der Igel lachte auf. „Ist hier wie eine Hotelbar für mich. Schlafen und ab und zu eine köstliche Beere naschen."

„Aha, du magst also gerne Brombeeren."

„Klar, unter anderem, versteht sich. Und du, fliegende Gesellin? Was treibt dich hierher?"

Lilo streckte sich. „Ich bin auf der Suche nach Siga, der Eidechse. Hast du sie gesehen?"

„Ah, du bist das! Hab schon von dir gehört."

„Echt jetzt?", fragte Lilo nach.

„Es hat sich herumgesprochen, dass eine Libelle auf der Suche nach Siga, der Eidechse ist, die sich gerade sehr auffällig in der Welt der Menschen herumtreibt", erzählte der Igel und fing an zu gähnen. Langweilig war ihm bestimmt nicht, dafür war er sehr müde. Er fing an sich zusammenzurollen und die Augen zu schließen.

„Darf ich dich noch etwas fragen?"

Der Igel blinzelte mit einem Auge. „Aber schnell, wenns sein muss."

„Okay." Lilo sammelte sich geschwind und konzentrierte sich darauf, wie sie die Frage am besten formulieren konnte. „Also, äh, hast du auch einen Menschen in der anderen Welt, mit dem du verbunden bist?"

„Gewiss doch." Der Igel gähnte abermals.

„Wie wunderbar", freute sich Lilo. „Und wie hast du ihn kennengelernt?"

Da schlug der Igel noch einmal beide Augen auf. „Ich bin meinem Menschen im Wald begegnet. Sie ist eine Igelretterin, musst du wissen", erklärte der Igel voller Stolz. „Wann immer ihr Igel begegnen, die Hilfe brauchen, ist sie sofort zur Stelle. Sie nimmt sie von der Straße, oder baut Winterlager für ihren Schlafplatz. Wenn sie welche findet, die noch sehr klein und leicht sind, gibt sie ihnen einen sicheren und warmen Platz zur Winterruhe, füttert sie und lässt sie im Frühjahr wieder in die Natur zurück."

„Bei dir ist es also umgekehrt. Der Mensch hilft dem Tier", staunte Lilo. „Perfekt! Einfach perfekt!", nickte sie dem Igel anerkennend zu.

„Das tun wir beide", winkte der Igel ihre Feststellung ab. „Ich helfe ihr schon auch. Dafür bin ich ja da."

„Wie heißt du eigentlich?", wollte Lilo noch wissen.

„Ich bin Mecki, und jetzt sage ich mal gute Nacht, oder besser guten Tag!" Er rollte sich endgültig zusammen und schloss müde seine Augen.

„Danke noch mal, vielen Dank Mecki und schlaf gut", verabschiedete sich Lilo von ihrem neuen Freund.

„Gern geschehen. Ich wünsche dir weiterhin viel Glück." Dann war er auch schon eingeschlafen.

Zufrieden und gestärkt von der Nacht machte sich Lilo weiter auf die Suche, diesmal Richtung Westen.

O du fröhliche

KAPITEL 13

Bei unseren Großeltern zu sein, fühlte sich stets heimisch und gleichzeitig wie Urlaub an. Weihnachten dagegen zählte zu den absolut schönsten Ereignissen am Hallwicher Hof.

Opa Günther meinte mal: „Familie ist, wenn das Chaos Spaß macht."

Das trifft es ganz gut, denn chaotisch war es durchaus schon immer gewesen. Ich weiß nicht, vielleicht hatten sich die Erwachsenen im Vorfeld etwas überlegt und einen bestimmten Ablauf im Kopf.

Oma Anni und meine Mama berieten sich hauptsächlich, was es zu Essen geben sollte. Hatte es dennoch jemals einen Plan gegeben, dann den, dass es keinen gab. So war es auch dieses Weihnachten.

„In Neuseeland gibt es ganz andere Tiere als hier", erzählte Philipp.

Wir saßen im Wohnzimmer der Ferienwohnung und überlegten, was wir spielen könnten. Ich fand das mit dem Drachen gestern sehr spannend, dennoch störte es mich, dass Philipp fast nur noch von den Dingen sprach, die ihm sein Vater erzählte. Ich nahm sein Eidechsen-Stofftier und legte es, wie Oma Anni es schon einmal gemacht hatte, auf meinen Unterarm. Sachte bewegte ich es, während ich sprach: „Die Tiere des friedvollen Walds feiern Weihnachten. Kommst du zu unserem Fest?"

Da wurde das ganze Wohnzimmer zum Wald.

Oma Anni tauchte irgendwann auf und fragte uns, ob wir mit in die Kirche gehen wollten. Am späten Nachmittag würde ein Krippenspiel aufgeführt werden. Von Katholiken umgeben, gab es nicht viele evangelische Kirchen in der Umgebung, umso mehr freute sich Oma eine schöne kleine, evangelische Gemeinde in unmittelbarer Nachbarschaft zu haben. Wenn ich gewusst hätte, was da auf mich zukommt, wäre ich keinesfalls mitgegangen. Doch wir hatten die Tiere allein weiterfeiern lassen und begleiteten Oma Anni. Es parkten nicht viele Autos vor der Kirche, und das machte uns schon ein bisschen stutzig. Als wir ohne andere Kirchenbesucher zu sehen durch den Eingang liefen, war die Kirche leer bis auf ein Durcheinander vorne im Altarbereich. Eine Kindergruppe stand aufgeregt zusammen mit einem sehr großen Mann zwischen Kulisse und Verkleidungen. Sie diskutierten lautstark. Wir stutzten abermals.

Unschlüssig, wie wir das einordnen sollten, steuerte Oma Anni mit uns im Schlepptau auf die Gruppe zu.

„Da können wir gleich aufhören", rief einer der Jungen und der Nächste meinte: „Einen Engel zu spielen, sehe ich ja noch ein, aber doch nicht ..."

„Also Kinder!" Der große Mann warf flehend seine Arme in die Höhe. „Ich bitte um Ruhe! Lasst mich doch mal nachdenken!". Er hätte es genauso gut der Wand erzählen können, denn keiner reagierte auf seine Worte.

Oma Anni räusperte sich und rief ein deutliches Hallo in die aufgebrachte Menge.

Der Mann nahm uns als Erster wahr, bevor sich die gesamte Kinderschar nach uns umdrehte. Ich bemerkte gleich zwei Dinge auf einmal: Es waren nur Jungs zu sehen, und es kam mir so vor, als würden sie mich blöd angaffen.

„Ha, ein Mädchen", rief einer und zeigte prompt mit dem Finger auf mich. Die übrige Meute sah mich neugierig an. Es folgte eine merkwürdige Stille. Ein Junge mit halblangem braunem Haar und grimmigem Gesicht stand etwas abseits. Mit verschränkten Armen musterte er mich abfällig von oben bis unten.

Der große Mann schob sich eilig durch die Menge. „Findet hier kein Gottesdienst mit Krippenspiel statt?", fragte Oma schnell in die noch vorhandene Stille und fixierte den Mann, der bereits vor uns stand.

Mit einer wohlwollenden Geste breitete er seine Arme vor uns aus. „Ja, selbstverständlich, ähm, ja, wir sind sozusagen gerade dabei uns vorzubereiten. Ich bin der Messner und Organisator des Krippenspiels, Holger Ungemach ", stellte er sich vor und reichte meiner Oma bereitwillig die Hand.

„Ach so", meinte sie und schüttelte ihm die Hand „Wir dachten, der Gottesdienst beginnt jetzt."

Einige Jungs lachten.

„Da sind Sie zu früh dran. Doch eigentlich kommen Sie gerade richtig." Der Messner rieb sich vielversprechend die Hände. "Wissen Sie, wir haben ein kleines Problem. Unsere Maria ist krank geworden. Äh, nicht Maria, aber die Lina. Sie hat Fieber bekommen. Jetzt besteht meine Gruppe nur noch aus Jungs, und keiner will die Rolle der Maria übernehmen."

„Das ist höchst bedauerlich", meinte Oma Anni und ich wusste nicht, was sie bedauerlicher fand:

ihr zeitliches Versehen, oder die Tatsache der fehlenden Maria.

„Könnte, ähm, Ihre Tochter vielleicht die Rolle der Maria übernehmen? Das wäre wirklich unsere Rettung", fragte Holger Ungemach nach und blickte mich bittend an. „Du kennst doch bestimmt die Weihnachtsgeschichte, musst auch nicht viel tun, einfach nur neben dem Josef laufen. Es spielt sich alles ganz von allein", erklärte er hastig ohne Punkt und Komma.

Mir schwirrte der Kopf. *Nie im Leben!* Das stand für mich fest.

Oma Anni sah mich stirnrunzelnd an. „Also ich weiß nicht." Sie sah mir prüfend in mein erschrockenes Gesicht. „Und Sie haben kein anderes Mädchen für diese Aufgabe?", hakte Oma nach.

Er schüttelte mit dem Kopf. „Bedauerlicherweise nicht. Lina war das einzige Mädchen, das sich, ähm, freiwillig gemeldet hat." Mit rotem Gesicht fügte er hastig hinzu: "Zudem haben wir mehr Jungs als Mädchen. Dabei hat sich die Gemeinde so sehr gefreut, dass endlich mal wieder ein Krippenspiel stattfindet." Holger Ungemach blickte verträumt auf seine Jungs. „Wir haben so gut geübt und wirklich ein ganz einfaches Krippenspiel daraus gemacht. Das wäre wirklich sehr schade, wenn es gar nicht stattfinden würde. Der Chor ist auch schon im Gemeindehaus und bereitet sich vor. Was machen wir jetzt nur? Wir können das Spiel doch nicht ohne die Maria machen", jammerte er und blickte wie ein begossener Pudel von einem zum anderen.

Oma Anni zuckte mit den Schultern und überlegte. „Wir gehen zum Ausgang und besprechen uns", meinte sie und zog uns mit sich fort.

Entschlossen lief ich aber an ihr vorbei durch die Tür nach draußen. Ich wollte gleich zum Auto und zurück zum Hallwicher Hof. Oma Anni und Philipp kamen hinterher.

„Hast du das gehört, Oma Anni? Der hat Tochter gesagt", prustete Philipp, der im Galopp hinter uns her lief. „Der meint, Kim ist deine Tochter!"

Sie grinste bei seinen Worten und rief mir nach. „Kim! Bleib doch bitte stehen!"

Ich drehte mich gequält um. „Das mache ich nicht!", sagte ich entschlossen.

„Du musst das auch nicht tun", bestätigte Oma.

Da lugte einer der Jungs in einem Engelsgewand durch die Kirchentür. Er war ungefähr so groß wie Philipp. „Hey, wie heißt ihr eigentlich?", fragte er schüchtern.

„Ki-phi", sagte Philipp auf Anhieb.

„Wie?" Der Junge kniff verdutzt seine Augen zusammen.

Ich ging weiter Richtung Auto.

„Das sind Kim und Philipp", meinte Oma Anni. „Und wer bist du?"

Der Junge nickte. „Ach so, und ich bin der Engel Gabriel", grinste er und zeigte auf seine Flügel. „Sonst bin ich der Linus. Also die Jungs, die sind sonst nicht so zickig. Das wollte ich bloß kurz sagen."

Da kamen die Leute vom Kirchenchor mit Liedmappen und fröhlichem Lachen über den Platz gelaufen. Ein älterer Mann mit großem Bauch rief Linus freudig entgegen. „Na, alles klar bei euch?"

„Kann man so nicht sagen", versuchte sich Linus im beiläufigen Ton.

„Habt ihr wieder was angestellt?" kam als Gegenfrage von einer Sängerin.

„Diesmal sind wir völlig unschuldig", verteidigte sich der Junge.

„Ach wirklich?", meinte die Nächste.

Zuletzt stand eine Frau vor Oma und grüßte sie. „Hallo, welch eine Überraschung! Kommt ihr zum Krippenspiel?", fragte sie und nickte Philipp besonders freundlich zu.

Philipp neigte neugierig seinen Kopf zur Seite. So ganz ohne Schirmmütze und Overall hatte er sie gar nicht gleich erkannt. Es war die Kokosnuss. Ihre blonde Mähne war zu einer ordentlichen Frisur nach oben gesteckt. Sie trug eine weiße

Daunenjacke mit großem Kragen, auf den eine grünblaue Libelle gestickt war. Mit offenem Mund starrte er auf die Libelle. Die Kokosnuss fühlte sich hingegen geschmeichelt. Als Linus von der fehlenden Maria berichtete und zu mir Richtung Auto deutete, dauerte es nicht lange, und die Kokosnuss kam im Gefolge des halben Kirchenchors zu mir und sie überredeten mich, die Christmette mit dem Krippenspiel zu retten. Was blieb mir da anderes übrig, als mitzuspielen? Linus schleppte Philipp ebenfalls ab und sie steckten ihn in ein Engelsgewand.

Ich stellte mit Schrecken fest, dass es ihm scheinbar gar nicht so unangenehm war. Er sah relativ entspannt aus. Ich schluckte, denn es wirkte auf mich, als hätte er einen neuen Freund gefunden. Ich dagegen stand neben dem griesgrämigen Jungen mit den halblangen braunen Haaren, der den Josef spielte. *Ausgerechnet der!* Er war genauso begeistert wie ich.

Wir standen zum Krippenspiel bereit und sollten in die mittlerweile brechend volle Kirche schreiten. Sie hatten mir ein blaues Gewand über den Kopf geworfen, unter dem meine bunten Stiefel hervorlugten, und ein viel zu großes Kopftuch verpasst.

„Du siehst eher wie eine Hexe aus", trällerte mir der Griesgram höchst charmant entgegen.

„Da könntest du recht haben", pflichtete ich ihm bei. „Aber in einen Esel brauche ich dich ja nicht mehr zu verwandeln", fügte ich hämisch hinzu.

Holger Ungemach kam auf uns zu und mahnte uns zur Ruhe. Entweder ignorierte er unsere Blicke, oder deutete sie der Aufregung wegen völlig falsch. Wenn Blicke töten könnten, dann wäre er wohl auf der Stelle umgefallen.

Die ersten Orgeltöne hallten feierlich durch die Kirche und gaben den Start zum Beginn der Christmette.

„Also, du musst nur neben dem Florian bleiben", erinnerte mich Holger Ungemach und gab das Startzeichen. Florian hieß er also.

Florian schritt viel zu schnell voran, und ich hatte zu tun, mit ihm Schritt zu halten. Als er ruckartig stehenblieb, stieß ich mit ihm zusammen. *Wie peinlich!* Ich kam mir so was von doof vor. Zu guter Letzt stampfte er mir vorne am Altar mit seinem spitzen Holzstab auch noch auf meinen Stiefel. Zum Glück waren das die einzigen Patzer.

Der Chor sang wunderschön, und es gab nicht wirklich etwas für mich zu tun, als nur neben diesem Griesgram stehen zu bleiben. Ich glaube, ich sah auch nicht viel besser drein. Der Fuß im Stiefel pochte unangenehm. Das würde bestimmt einen blauen Fleck geben.

Am Ende klatschten die Leute Beifall, und ich atmete erleichtert auf als wir uns setzen durften. Für den Rest des Gottesdienstes nahmen wir in der vorderen Reihe Platz und lauschten den Worten des Pfarrers.

Florians Füße wippten ohne Ende, und ich versuchte mein Gesicht unter dem großen Kopftuch zu verbergen, damit ich ihn nicht länger sehen musste.

Gegen Ende erloschen alle Lampen, nur am Weihnachtsbaum strahlte das warme Licht der Kerzen und hüllte die Kirche in einen feierlichen Glanz.

Die Orgel stimmte das Lied *O du fröhliche* an und die Gemeinde erhob sich dazu. „… o du selige …", sangen alle andächtig. Auch wir standen von unseren Plätzen auf. Da durchfuhr mich erneut ein scharfer Schmerz im Fuß. Florian hatte mir nochmals seinen Holzstab in den Stiefel gerammt. Das war Absicht!

„… gnadenbringende Weihnachtszeit!", ging das Lied weiter, doch mir reichte es! Meine Hände ballten sich zu Fäusten. „… Welt ging verloren …", schallte es durch die Kirche, und wie von Zauberhand sauste meine Rechte blitzschnell unter Florians Kinn. Ich spürte, wie seine Zähne aufeinanderschlugen.

„… Christ ist geboren …", sang die Gemeinde.

Wutentbrannt humpelte ich durch den Haupteingang davon.

„Freue, freue, dich o Christenheit."

Im Gemeinderaum schälte ich mich hastig aus der Verkleidung und ließ die Tür nicht aus den Augen. War mir jemand gefolgt? Ich war ja nicht zu übersehen gewesen. Was, wenn mir dieser Florian draußen auflauerte? Schnell griff ich nach Jacke und Mütze und lugte vorsichtig aus der Tür. Es war keiner zu sehen. Die Glocken des Kirchturms fingen an zu läuten, und sicherlich würden bald alle Kirchenbesucher aus der Kirche kommen. Ich huschte hinter Oma Annis Auto, da erklangen schon die ersten Stimmen und Schritte. Ich wartete und spürte erneut das Pochen in meinem Fuß.

Nach einer Weile duckte ich mich nach vorne und hielt Ausschau nach Oma Anni und Philipp, ob sie schon zu sehen waren.

Plötzlich tippte mich jemand von hinten an. Erschrocken fuhr ich herum.

Philipp und Linus standen ebenfalls geduckt hinter mir. „Dem hast du ganz schön eins übergebraten", grinste Linus bei seinen Worten.

„Pst!", ermahnte ich ihn und drückte sie hinters Auto.

„Der hat geblutet", meinte Philipp. „Das Blut war sogar am Kirchenboden zu sehen."

Das roch nach Ärger.

Oma Anni bahnte sich den Weg durch die Leute und kam mit schnellen Schritten zum Auto. Sie blickte streng, als sie uns entdeckte. „Liebe Güte! Wie lange steht ihr hier schon rum? Philipp, du hast keine Jacke an. Mach, dass du deine Jacke holst!", schimpfte sie und schickte Philipp sofort ins Gemeindehaus. Sie sah ihm hinterher, bis er zusammen mit Linus im Haus verschwunden war.

„Was hast du dir nur dabei gedacht?" Diese Frage galt mir.

„Dieser Florian hat mir seinen Stab zweimal in den Fuß gerammt", klagte ich und streckte ihr meinen verletzten Fuß entgegen.

„Zweimal? Vorne am Altar, das habe ich gesehen."

„Das zweite Mal war, als wir mit dem letzten Lied aufgestanden sind. Das war mit Absicht!", jammerte ich.

„So geht das natürlich auch nicht", pflichtete sie mir bei. „Pfarrer Weber sagte mir, du hast ihm einen Kinnhaken verpasst. Dabei hat er sich vermutlich auf die Zunge gebissen."

Das störte mich keineswegs, dennoch sah ich betroffen zu Boden. Nur widerwillig folgte ich Oma Anni in die Sakristei. Dabei humpelte ich vorsichtshalber ein bisschen mehr.

Der Pfarrer wollte unbedingt diesen Konflikt bereinigt haben, damit wir friedlich das

Weihnachtsfest genießen konnten. Wo sollte das enden, wenn schon Maria und Josef sich in die Haare kriegen, ermahnte er uns. Da stand ich missmutig diesem Florian gegenüber und weder er noch ich brachten ein Wort heraus.

Es sprachen nur die Erwachsenen. *Zum Glück werde ich diesem Kerl nicht mehr begegnen,* dachte ich, und den Pfarrer wollte ich auch nie wieder sehen. Dachte ich.

Zufall

KAPITEL 14

Siga sonnte sich auf einem Stein und betrachtete seinen Schwanz. Wunderbar war er nachgewachsen, ein bisschen kürzer als der vorherige, dafür ohne eine einzige Spur des Kampfes von damals mit der Waldeidechse.

„Grüß dich, Siga! Auch mal wieder im Lande?" Ein großer gelb-schwarzer Schmetterling flatterte durch die Lüfte.

„Herr von Ritter", begrüßte ihn Siga. „Wohin des Wegs?"

Der Schmetterling nahm neben ihm Platz und breitete seine Flügel aus. Das Muster strahlte der Sonne entgegen. „Ich habe nichts Bestimmtes vor. Vielleicht ein bisschen Wärme und Sonne, ein kleiner Plausch zwischen dir und mir, ein bisschen Nektar hier und dort", säuselte der Falter. So saßen beide zusammen und sprachen eine Weile über dies und das.

Herr von Ritter faltete seine wunderschönen großen Flügel elegant auf und zu. „Es ist doch beruhigend, den friedvollen Wald wieder in Farbe zu sehen, nicht wahr?"

Siga hob seinen Kopf ein wenig an und blickte nachdenklich auf den pelzigen Körper des Schmetterlings. „Ja, schon", sagte er und wirkte besorgt. „Es gibt immer noch Dinge, auf die ich mir keinen Reim machen kann", meinte Siga nach einer Weile.

„Und die wären?" Herr von Ritter blickte ihn neugierig an.

„Es geht um die Waldeidechse, die mich damals angegriffen hat."

Irritiert blickte Herr von Ritter an Sigas makellosem Schwanz entlang. „Das ist doch schon lange her. Wieso interessiert dich das immer noch?"

„Damit hat alles begonnen", erklärte Siga.

„Es hat doch ein gutes Ende gefunden", fand Herr von Ritter. „Was plagt dich da noch eine Eidechse, die keiner jemals wieder gesehen hat?"

„Da könntest du recht haben. Wieso sollte ich mir darüber Sorgen machen? Philipp hatte mich gerettet." Siga seufzte. „Ich werde den Verdacht nicht los, dass es etwas mit dem Verschwinden der Tiere zu tun haben könnte. Kann das wieder passieren? Ich frage mich immer wieder, vielleicht wäre es besser, wir wüssten, was da wirklich los war, damit es kein zweites Mal mehr passieren kann, verstehst du?"

„Wie willst du das anstellen?", fragte Herr von Ritter nach.

„Ich habe keine Ahnung", gab Siga ehrlich zu.

„Vielleicht hat die Libelle eine Idee?"

„Welche Libelle?", fragte Siga verdutzt.

Herr von Ritter deutete nach oben.

In der Luft schwirrte Lilo und blickte völlig entgeistert auf die zwei.

„Siga!", rief sie nach unten.

Die Eidechse nickte. „Und mit wem haben wir das Vergnügen?"

Es zuckte in ihrem Libellenkörper, und sie machte vor Freude ein paar Loopings.

Beeindruckt sahen sie ihr vom Boden aus zu, bis sie glücklich und froh neben ihnen Platz nahm. Was hatte Lilo sich alles an Szenarien vorgestellt, wie sie Siga finden würde. Und dann saß er zufällig unter ihr auf einem Stein, einfach so!

„Ich bin Lilo", stellte sie sich vor und begann sich ausgiebig zu putzen.

Herr von Ritter überlegte. „Kann es sein, dass du die Libelle bist, die Siga sucht?"

„Genau, die bin ich", strahlte Lilo und warf Siga einen vielsagenden Blick zu.

„Wie komme ich denn zu dieser Ehre?", fragte dieser und bestaunte die 30.000 Augen, die sich auf ihn richteten.

Von der Eule wusste Lilo bereits, dass es um mehr als nur um Farben ging. „Ich möchte dir helfen, die verschwundenen Tiere zu finden", antwortete sie ihm.

Das imponierte Siga. „Wunderbar! Gerade haben wir darüber gesprochen."

Herr von Ritter betrachtete argwöhnisch Lilos blaugrüne Pracht. „Und wie willst du das anstellen, wenn ich bescheiden nachfragen darf?" Der skeptische Unterton war nicht zu überhören.

Lilo ließ sich davon nicht beeindrucken und erzählte bereitwillig von ihren Gedanken und Erlebnissen.

Siga zuckte dabei in regelmäßigen Abständen mit seinem Schwanz. Die Aufregung war ihm anzumerken. Er freute sich über Lilo, und der argwöhnische Blick des Schmetterlings ließ auch allmählich nach.

„Den Westwind muss ich noch besuchen und beim Nordwind war ich auch noch nicht", beendete Lilo ihre Erzählung.

„Da gehen wir gemeinsam hin", versicherte ihr Siga. „Da habt ihr beiden ja was vor. Nun, denn, ich muss auch mal weiter", verabschiedete sich der Schmetterling und flog Richtung Blumenwiese. Das Zuhören machte ihn hungrig.

Fröhlich winkten sie ihm nach. „Worauf noch warten?" Siga blinzelte Lilo aufmunternd zu.

„Dann lass uns starten", jubelte sie, und zusammen machten sie sich Richtung Westen davon. Lilo flog knapp über dem Boden direkt neben Siga.

„Ist schon interessant, Lilo, was du alles auf deiner Reise entdeckt hast. Als ich beim Ostwind war, begegneten mir eine Erdkröte und jede Menge Himmelsschlüsselchen."

Lilo kannte den Ort. „Meinst du die zartgelben Blumen neben dem See?"

Siga nickte.

„An den Krokussen bin ich auch vorbei, da siehst du mal, wie nah wir uns bereits waren."

Siga staunte über diese Erkenntnis, und gut gelaunt steuerten sie immer weiter nach Westen.

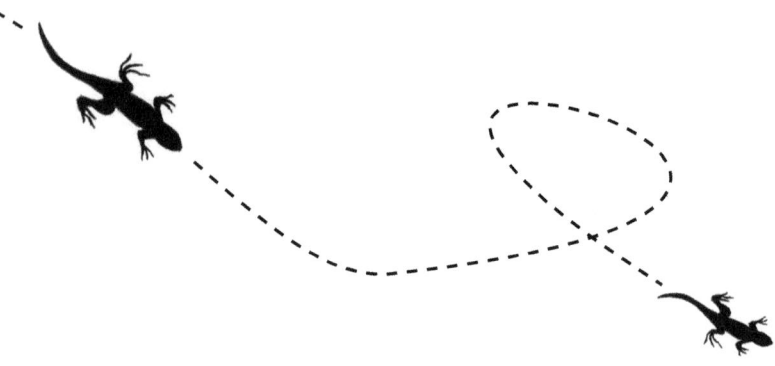

Blaue-Flecken-Schmerzen

KAPITEL 15

„Kim ist verletzt", rief Philipp als wir zu Hause ankamen.

Ich humpelte hinterher, und Oma Anni kassierte erst mal eine Standpauke von Tante Julia. Sie hatten sich alle Sorgen gemacht. So lange könne kein Gottesdienst dauern und warum sie ihr Handy schon wieder nicht bei sich gehabt habe.

Wäre ich doch nur nicht mit gegangen, ging es mir erneut durch den Kopf. Im Bad zog ich meine Strumpfhose aus und sah mir mit Mama meinen Fuß an.

Oma Anni kam gleich mit einem Kühlpad hinterher. Es sah ganz danach aus, als hätte der Griesgram zwei Mal die gleiche Stelle erwischt. Der mittlere Fuß war leicht dick und ein blauer Fleck war bereits zu erkennen.

Unterdessen erzählte Philipp von unseren Erlebnissen.

„Brauchen wir einen Notarzt?", rief Opa Günther ins Bad.

„So schlimm ist es nicht, aber der blaue Fleck wird bestimmt noch größer", meinte Oma Anni, als sie meinen Fuß in alle Richtungen gedreht hatte.

Kurz darauf saß ich mit Philipp auf dem Sofa vor dem Weihnachtsbaum, das Kühlpad am Fuß und ein Sektglas mit Orangensaft in der Hand.

Die Erwachsenen tranken Sekt, und wir feierten endlich unser Weihnachtsfest.

Der Fuß pochte dagegen still aber stetig den restlichen Abend vor sich hin. Das störte mich erst, als ich schlafen gehen wollte.

Meine Eltern sahen besorgt drein, und Papa trug mich ins Bett.

Philipp war auf dem Schoß seines Vaters eingeschlafen und wurde ebenfalls in sein Bett gebracht.

Am nächsten Morgen ging es meinem Fuß nicht besser. Ich saß am Bettrand und Tränen kullerten mir über die Wangen, sosehr ich auch versuchte, die Zähne zusammenzubeißen.

Da beschlossen meine Eltern, mit mir in die Notaufnahme zu fahren.

Mama ging Oma Anni Bescheid sagen. Als sie wieder kam, erzählte sie etwas von einem Drama, das sich gerade abspielen würde.

„Was ist denn los?", fragte ich nach. „Es geht um Philipp. Er möchte unbedingt mit Harald fahren. Julia tobt, Philipp weint und Harald weiß nicht, was er sagen soll."

„Wieso will er mitfahren?", wollte ich wissen. Oder vielmehr beschäftigte mich die Frage, wieso er nicht hierbleiben wollte. Während wir uns anzogen, grübelten wir darüber nach. Meine Eltern spekulierten darüber, ob Onkel Harald überhaupt noch Chancen bei Tante Julia haben würde. Andererseits hatte Onkel Harald auch nur Augen für Philipp und Tante Julia aus guten Gründen vermutlich längst abgeschrieben. Sie waren sich dennoch nicht ganz sicher, was sich zwischen den beiden tatsächlich abspielte.

Ich überlegte, ob Philipp vielleicht seine anderen Großeltern kennenlernen wollte. Oder wünschte er sich insgeheim, Harald würde nach dem Besuch wieder an den Hallwicher Hof kommen und bleiben? Jedenfalls hatte er seinen Vater sehr lieb, so lieb, dass ich mich mehr als einmal dabei ertappte, wie es mir Stiche in den Bauch versetzte. Ich war eifersüchtig, doch das wollte ich nicht zugeben. Das einzig Gute daran war, dass diese Gedanken mich ganz gut von meinem Blaue-Flecken-Schmerz am Fuß ablenkten.

Erst als wir am Eingang der Notaufnahme standen, spürte ich erneut ein Unbehagen, untersucht werden zu müssen, und wer weiß, was dann kommen würde. Mama sah es mir an und rieb mir sanft über den Rücken, während sie beruhigend auf mich einredete.

Der Wartebereich war leer. Einsam blinkte ein wenig Weihnachtsdeko in einer Ecke vor sich hin.

Papa betätigte die Klingel zur Anmeldung und wartete geduldig. Eine Krankenschwester schlurfte behäbig durch eine Tür, die wir vorher gar nicht wahrgenommen hatten.

„Wie kann ich Ihnen helfen?", fragte sie mit schläfriger Stimme.

Papa brachte das Anliegen vor, und dann sollten wir warten. Wir saßen eine Weile und keiner sprach ein Wort. Es fühlte sich komisch an, in einem Krankenhaus zu sein, noch dazu am ersten Weihnachtsfeiertag. Mein Fuß pochte auch nicht mehr. Wahrscheinlich war alles umsonst. Gegenüber ging die Tür des Sprechzimmers auf.

Wir sahen einen Jungen mit eingebundener Hand rauskommen, vermutlich mit seinem Vater. Also waren wir doch nicht die Einzigen hier. Der Mann legte fürsorglich die Jacke um die Schultern des Jungen, der sich in gebückter Haltung langsam in Bewegung setzte.

Ich kniff nervös meine Augen zusammen und konnte nicht glauben, wen ich da erkannte.

Der Mann blickte zu uns herüber, setzte zu einem wortlosen allgemeinen Gruß an und blieb abrupt stehen. „Bist du nicht das Mädchen, das gestern in der Kirche die Maria gespielt hat?" Fragend sah er von mir zu meinen Eltern.

„Ha-hallo, He-Herr Pf-Pfarr-Pfarrer", stotterte ich.

Der Junge hob erstaunt seinen Kopf. Ich hielt automatisch die Luft an und blickte in das erstaunte Gesicht des Griesgrams. Sein Blick wechselte von einer Sekunde auf die andere, von weich und verletzlich zu hart und verschlossen.

Ich tat es ihm gleich.

„Kommen Sie wegen des verletzten Fußes?", fragte der Pfarrer vorsichtig nach.

Mein Vater ergriff die Initiative und erhob sich. „Ja, die Auswirkungen des Krippenspiels brauchen wohl eine ärztliche Betreuung", kam es leicht bissig über seine Lippen.

„Das tut mir aufrichtig leid", hörte ich den Pfarrer sagen. Er schüttelte nacheinander jedem von uns die Hand und stellte sich als Pfarrer Weber vor. „Das ist mein Sohn Florian", meinte er und zeigte auf den Griesgram.

Ich hielt erneut die Luft an und hatte gar nicht bemerkt, dass ich zwischenzeitlich bereits wieder Luft geholt haben musste. Der Griesgram war der Sohn des Pfarrers!

„Auch dir tut es leid, stimmts Florian?" Die Stimme des Pfarrers wurde deutlich schärfer, als er seinen Sohn anblickte.

Florian nickte leicht mit dem Kopf und senkte sein Gesicht Richtung Boden. Diese plötzlich unterwürfige Haltung passte gar nicht zu ihm. Es sah aber auch nicht danach aus, als ob ihm etwas leidtun würde.

Von hinten rief uns die Krankenschwester ins Sprechzimmer. Es schien keiner außer mir bemerkt zu haben.

„Kim hat ihm diese Verletzung aber nicht zugefügt, oder?", meinte sie mit Blick auf Florians eingebundene Finger.

Philipp und ich hatten gestern mehrmals in allen Einzelheiten von dem ungewöhnlichen Kirchenbesuch berichtet. Zugegeben, bei der Schilderung des geballten Kinnhakens hatten wir auch ein bisschen übertrieben, doch erschien es meiner Mutter wohl sinnvoll, vorsichtshalber nachzufragen.

„Aber nein, Ihre Tochter hatte meinem Sohn in der Kirche ins Gesicht geschlagen, dass er sich dabei die Zunge blutig biss. Wissen Sie, es war zudem ein sehr ungünstiger Zeitpunkt und abgesehen von ihren bedeutenden Rollen im Krippenspiel haben die beiden kein gutes Bild abgegeben. Das habe ich aber bereits mit den Kindern geregelt."

„Und in der Kirche einen Stab in den Fuß meiner Tochter zu rammen, finde ich auch kein gutes Bild, Herr Pfarrer!"

Ich staunte über die Worte meines Vaters. Es ging wie warmer Regen durch mich hindurch, und ich war ganz stolz, dass er mich so verteidigte.

Die Krankenschwester kam schließlich zielstrebig auf uns zu und forderte uns erneut auf, ins Sprechzimmer zu kommen. Mein Vater nahm mich demonstrativ auf den Arm und trug mich, ohne den Pfarrer weiter zu beachten, hinein.

„Würde es Ihnen etwas ausmachen, mich heute noch anzurufen?", rief der Pfarrer meiner Mutter hinterher.

„Das kann ich machen." antwortete sie.

Er griff in seine Innentasche und holte eine Visitenkarte heraus.

„Darf ich fragen, was mit der Hand Ihres Sohnes passiert ist?", fragte meine Mutter dann doch neugierig nach, als sie die Visitenkarte entgegennahm.

„Ina, kommst du?", rief mein Vater aus dem Sprechzimmer. Papa zeigte eindeutig, wo seine Aufmerksamkeit lag.

Mama verhielt sich wie immer höflich.

Pfarrer Weber beugte sich zu ihr vor und flüsterte: „Florian hat sich heute Morgen die Finger in der Autotür gequetscht. Es ist alles blau, die Fingernägel bleiben hoffentlich alle dran."

„Autsch!", entwich es meiner Mutter mitleidsvoll, und sie wollte Florian gerade gute Besserung wünschen, doch dieser war bereits weitergelaufen.

Ich wurde untersucht und geröntgt. Der dritte Mittelfußknochen war angebrochen, erklärte uns der Arzt. Ich sollte für zwei Wochen einen Gipsschuh tragen und damit war ich fertig. Tolle Aussichten für die restlichen Ferien.

Am Nachmittag saß ich gelangweilt zwischen Erwachsenen, die unbedingt mit uns Kindern Tischspiele machen wollten, und einem Cousin, der vor sich hin nörgelte, als hätte er Matsch im Hirn. Da entschied ich mich für die Märchenstunde im Fernsehen.

Erst am Abend legte Philipp seine schlechte Laune ab.

Wir verzogen uns ins Wohnzimmer der Ferienwohnung und spielten mit unseren Tieren.

„Tuts sehr weh?", fragte Philipp und zeigte auf meinen Fuß.

„Jetzt nicht mehr", meinte ich und sah angewidert auf den hässlichen Gipsschuh, der wie ein Klotz an meinem Fuß hing. Ich fand, das sah echt behindert aus. Auf diesen merkwürdigen Filzstoff konnte ich nicht mal was drauf malen. Von wegen Gips.

„Habe ich dir überhaupt schon von der Eule erzählt?", fragte mich Philipp.

Ich überlegte. „Meinst du, die aus Holz vor der Haustür?"

Er lachte und schüttelte den Kopf. „Die meine ich nicht, sondern Akio, die Eule aus dem friedvollen Wald natürlich."

„Ach so!", sagte ich und lachte. Sogleich malte ich mir aus, wie eine Eule auf einem Baum saß und uns anstarrte.

„Kannst du dir vorstellen mit ihm zu fliegen?"

Ich runzelte die Stirn. „Wie soll das denn gehen?"

„Das habe ich mich auch gefragt, als Akio mir das anbot. Doch es ging ganz einfach. Ich wurde so klein", erzählte Philipp und zeigte mit Daumen und Zeigefinger, was ich mir unter klein vorstellen sollte. „Dann krabbelte ich in sein Gefieder bis hoch zum Hals und schon ging es los."

„Wohin seid ihr geflogen?", wollte ich wissen, obwohl ich nicht hinterher kam, mir vorzustellen, was Philipp da gerade erzählte.

Philipp dagegen schwärmte mir vor, wie leicht, warm und kuschelig es im Gefieder der Eule war, und er beschrieb das gute Gefühl, durch die die Lüfte zu fliegen.

Es wurde ganz ruhig in mir. Wir lagen auf dem Boden, und ich schloss dabei die Augen.

Da sah ich die Welt von oben. Es kam mir vor, als würde ich selbst dabei sein. Akio flog gen untergehende Sonne Richtung Berge. Oben auf einem Gipfel hielt er an. Der Blick war unendlich weit und schön. Ein Stern nach dem anderen erschien am Himmel. Es funkelten selbst die kleinsten Sterne, und die Milchstraße erschien wie ein unendlicher Weg in der Dunkelheit. Nach einer Weile entdeckten wir einen kleinen hellen Fleck mitten auf der Milchstraße, der immer näher auf uns zu kam und größer wurde. Ich strengte mich an, damit ich erkennen konnte, was es war. Kurz darauf stand ein leuchtend weißes Einhorn vor uns und blickte uns wie ein guter alter Freund entgegen. Sein Horn glitzerte wie Staub aus der Milchstraße. Es verneigte sich feierlich vor uns und berührte uns nacheinander vorsichtig und sanft mit seinem Horn. Ich hatte das Gefühl, von innen heraus zu leuchten. Ich streichelte das samtweiche Fell und berührte sacht seine Mähne. Es war wunderschön. Wie lange wir zusammenstanden, kann ich nicht mehr sagen. Beim Abschied stieg das Einhorn auf seine Hinterbeine, blickte uns noch einmal entgegen und verschwand, wie es gekommen war. Es galoppierte auf der Milchstraße zurück in den Himmel. Lange haben wir ihm nachgesehen. Es war ein Traum und doch keiner. Es war wie jede andere Wirklichkeit. Ich hatte das so erlebt. Zufrieden wie ich war, bin ich am Boden eingeschlafen. Das war die zweite Nacht in Folge, in der mich mein Papa ins Bett getragen hatte. Nur diesmal bemerkte ich es nicht einmal.

Nebelgestalten

KAPITEL 16

Gegen Abend kündigte sich ein Gewitter an. Lilo und Siga entdeckten eine kleine Höhle in einer alten Eiche. Gerade recht, denn schon bald rückte der Donner immer näher, und eine mondlose finstere Nacht machte sich breit.

Weit waren sie gekommen. Siga war sich ziemlich sicher, dass sie bereits im Westen gelandet waren. Das wollten beide am nächsten Morgen herausfinden und die Gegend auskundschaften. Müde ließen sie sich nieder und schliefen bald darauf ein.

Es war nicht das Gewitter, das sie schließlich wieder aus dem Schlaf holte. Sie hörten das Knacken von Holz und mehrere Schritte in ihre Richtung kommend.

„Wer kann das sein?", flüsterte Siga.

Vorsichtig lugten beide aus der Höhle. Wer oder was auch immer es war, befand sich in ihrer unmittelbaren Nähe. Die Luft roch nach Regen und merkwürdig nach Tier, doch die Dunkelheit gab nichts preis, bis der erste Blitz für einen kurzen Augenblick einen schrecklichen Anblick bot. Zahlreiche kurze, stämmige Füße standen stramm nebeneinander. Lilo war wie erstarrt und hatte keine Ahnung, zu welchem Tier solche Füße gehörten.

Siga gab ebenfalls keinen Laut von sich und blieb reglos neben Lilo. Es folgte ein Donnern und Grollen, das ebenfalls nicht mehr weit weg sein konnte. Wie auf Kommando setzten sich die Füße in Bewegung und polterten davon.

Es blieb ihnen nicht viel Zeit, sich von diesem Schrecken zu erholen. Das Gewitter tobte direkt über ihnen. Blitz und Donner wechselten sich ab, und Sturzbäche bildeten sich vor der Höhle. Zusammengekauert blieben sie im Trockenen und warteten geduldig, bis alles zu Ende war. Der Regen hinterließ Pfützen und richtig viel Matsch. Von den Spuren der vielen Füße war nichts mehr zu sehen und dichter Nebel hüllte den Wald in ein gespenstisches Licht. Vorsichtig wagten sie sich nach draußen und versuchten einen Weg zu finden. Ohne jede Orientierung bewegten sie sich durch den Nebel.

„Wir müssen unbedingt zusammenbleiben, sonst verlieren wir uns", flehte Lilo, die nahe bei Siga flog.

„Gewiss, wir bleiben zusammen", hauchte Siga.

Im selben Moment entdeckte er etwas und zeigte darauf. Was aussah wie ein Busch, bewegte sich plötzlich auf sie zu. Es gab absolut nichts, wo sie sich schnell verstecken konnten. Ängstlich hielten sie inne und starrten nach vorne. Der Nebel gab einen bulligen Keiler mit zwei großen Hauern frei, der geradewegs auf sie zutrabte. Er baute sich mit geblähten Nüstern vor ihnen auf und schnüffelte sie neugierig an.

„Falscher Alarm!", schrie der Keiler nach hinten. Da gab der Nebel weitere Wildschweine frei, die sich in Bewegung setzten.

„Tut uns nichts", bat Siga. Erbärmlich klein stand er vor den gewaltigen Tieren, die sie mittlerweile umringten.

„Habt ihr euch verlaufen, oder warum seid ihr hier zu diesen düsteren Zeiten unterwegs?", fragte der Keiler.

Tapfer trat Siga einen Schritt nach vorne. „Wir suchen den Westwind."

„Weshalb?", wollte ein anderes Wildschwein wissen.

„Wir brauchen Hilfe für die Tiere im friedvollen Wald."

„Aha! Hilfe braucht ihr. Da ist der Westwind gerade gut genug, nicht wahr?", brüllte der Keiler. „Nicht wahr, meine Brüder und Schwestern. Dafür sind wir Tiere des Westwinds gut genug!" Wüstes Traben und Grunzen hallte durch den Wald.

Siga hob es einige Male vom Boden in die Luft.

„Aufhören!", schrie Lilo entsetzt. „Sofort aufhören!" Der Lärm verschluckte jedoch ihre Worte, sosehr sie sich auch bemühte.

Mit einem durchdringenden Pfiff beruhigte der Keiler die Truppe, die er kurz vorher aufgewühlt hatte. »Still, alle miteinander! Ich muss nachdenken!" Grübelnd trabte er umher.

„Also, wenn ihr uns nicht helfen wollt, kein Problem", versuchte Siga die Menge zu überzeugen und sich gleichzeitig nach einem möglichen Fluchtweg umzuschauen. Lilo könnte einfach wegfliegen, doch wie weit würde er zwischen all den unzähligen Wildschweinbeinen ausweichen können?

Der bullige Keiler beugte sich nach vorn auf Siga zu und stupste ihn an.

Siga machte erschrocken einen Satz zur Seite.

„Nicht doch, kleine Eidechse!" Ebenso erschrocken fuhr der Keiler auf. „Versteh uns nicht falsch. Es wird uns eine Ehre sein, euch helfen zu können."

Ein Raunen ging durch die Menge. Schon stand der massige Keiler wieder vor der Truppe. Ein Wunder, wie schnell sich so ein Kraftpaket bewegen konnte. „Wir sind bereit!" Mit jedem Wort wurde er lauter. „Unsere Truppen sind aufgestellt. Wir haben die Kraft und Macht uns denen zu stellen, die es wagen, in den friedvollen Wald einzudringen und unsere Gesetze zu missachten."

Alle Augen richteten sich starr auf den Keiler.

„Ach, das ist dann natürlich etwas anderes", staunte Siga.

„Mein Name ist Atilla", stellte sich der Keiler vor und räusperte sich respektvoll. „Wir sind schon eine ganze Weile hinter den Eindringlingen her, und diese Nacht waren wir ganz nah dran." Er wurde wieder lauter und wandte sich an seine Truppe:" Doch manche von euch meinen, das braucht es nicht, halten unsere Vorsichtsmaßnahmen für völlig übertrieben und hauen sich stattdessen lieber die Bäuche voll und scheren sich einen Dreck um andere und um das Wohl des friedvollen Walds." Abermals raunte es von allen Seiten, manche duckten sich.

„Welche Eindringlinge habt ihr denn gesichtet?", wollte Lilo wissen und sah sich nach allen Seiten um. Doch außer Nebel und einer Horde Wildschweine konnte sie nichts entdecken.

Atilla räusperte sich mehrmals und scharrte mit den Hufen. „Das wissen wir nicht so genau. Mathilda hat kleine Bären entdeckt, die wir noch nie zuvor hier im friedvollen Wald gesehen haben. Sie klettern auf Bäume, fressen was ihnen in die Finger kommt."

„Kleine Bären?" Davon hatte Siga noch nichts gehört.

„Wo sind sie denn?", fragte Lilo.

Da meldete sich ein Wildschwein aus den hinteren Reihen. „Mir glaubt keiner mehr, dass ich sie gesehen habe. Als ich sie den anderen zeigen wollte, waren diese Biester verschwunden. Ich weiß es aber ganz sicher", jammerte Mathilda und zeigte in eine Richtung.

„Wir glauben dir doch, Mathilda", schnaubte Atilla. „Die finden wir schon noch, können sich ja nicht in Luft aufgelöst haben."

Das peitschte Mathilda noch mehr auf. „Und was ist mit den anderen? Haben die sich etwa in Luft aufgelöst?", heulte sie weiter und konnte sich nicht mehr beruhigen. „Irgendwohin müssen all die Tiere verschwunden sein. Keine Spur mehr von Avella der Haselmaus, Rimo dem Biber, oder Mabi dem Eichhörnchen. Arietes der Hirsch, ist ebenfalls verschwunden", schrie sie allen entgegen.

Atilla pfiff laut und schlug mit den Hufen auf. „Nun beruhige dich doch endlich mal wieder. Deine Jammerei bringt uns auch nicht weiter!"

„Und wenn die kleinen Bären ihre Mama verloren haben?", überlegte Lilo.

„Dann sollte die Mutter schleunigst ihre Babys wieder abholen und ihnen mal Manieren beibringen. Sie sind äußerst schlecht erzogen. Haben Witze über mich gemacht und mich mit allem möglichem beworfen", schimpfte Mathilda und schniefte vor sich hin.

„Alarm! Alarm!", brüllte plötzlich jemand. „Kommt schnell alle her!"

Da stürmte die Menge in die Richtung der Schreie.

Siga blickte irritiert auf all die Füße, die sich in Bewegung setzten und wusste gar nicht, wohin er zuerst huschen sollte. Es kam ihm wie ein Wunder vor, dass die Füße ihn nicht zermalmten.

Lilo, die von oben alles mitbekommen hatte, atmete ebenso erleichtert auf.

Das brüllende Wildschwein zeigte hoch auf die alte Eiche, unter der Lilo und Siga die Nacht verbracht hatten. Hoch oben auf einem Ast saß tatsächlich ein kleiner Bär.

Die Herde sah völlig verdutzt nach oben. Was nützte es einem starken Wildschwein, wenn der Bär hoch oben im Baum saß? Da hatten eine Eidechse und eine Libelle leichtes Spiel. Blitzschnell schoss Siga den Baum nach oben und Lilo flog hinterher.

Der kleine Bär hielt überrascht inne.

„Wer bist du?", fragte Siga.

„Das geht dich überhaupt nichts an", maulte der Bär und zupfte trotzig an einem Stück Rinde.

Siga zeigte sich gelangweilt. „Ach so, dann hast du gar keinen Namen."

„Stimmt gar nicht!", maulte der Bär weiter.

Lilo fing an zu lachen. „Du hast einen Maulbären vor dir", rief sie Siga zu.

„Gar nicht", fauchte der Bär und warf ein Stück Rinde nach Lilo.

Gekonnt wich sie ihm aus.

Der Bär sah viel zutraulicher und putziger aus, als er sich gab.

Siga zwinkerte Lilo zu und meinte: „Maulbären sind total langweilige Bären. Der Typ hier scheint ein ganz besonderer Langweiler zu sein."

„Halt die Klappe", schimpfte der Bär und riss ein weiteres Stück Rinde vom Baum. „Ihr seid einfach zu blöd, einen Waschbären zu erkennen", wehrte er sich.

„Ach so, du bist ein Waschbär. Waschbären gab es noch nie im friedvollen Wald. Wie bist du denn hierhergekommen?", wollte Siga wissen.

„Du bist ja noch blöder, als ich dachte", sagte der Waschbär und lachte.

„Sind alle Waschbären so unhöflich wie du?", fragte Lilo.

„Kann schon sein", erwiderte er, zog eine Larve aus der Rinde und verspeiste sie zu Lilos Entsetzen. Das trieb ihn nur noch mehr an. Gierig griff er nach Lilo und hätte sie um ein Haar beinahe erwischt. „So eine Libelle habe ich auch noch nicht verspeist."

„Wirst du wohl aufhören und meine Freundin in Ruhe lassen?", ging Siga dazwischen.

Hastig wendete sich der Waschbär an Siga. „Ach stimmt, du bist ja auch noch da. Eidechsen schmecken bestimmt auch gut."

Siga drehte sich eilends mit dem Kopf nach unten. Sollte er doch kommen. Er krabbelte nur so schnell, wie der Waschbär ihm folgen konnte.

Lilo wurde angst und bange. Von ihrer Position sah es aus, als würde Siga jeden Moment von diesem Waschbären gepackt werden.

Genau zum richtigen Zeitpunkt ließ sich Siga jedoch auf Atillas Schweinerücken fallen, während ein zweites Schwein die Chance erkannte und den Waschbären gekonnt im Nacken packte.

„Wir haben ihn", grunzte Mathilda, und die Menge tobte.

Der erste Waschbär war gefangen!

Die Sache mit dem Fantasieloch

KAPITEL 17

Dicke weiße Flocken fielen am nächsten Morgen vom Himmel. Sie erinnerten mich an das traumhaft schöne Erlebnis mit der Eule und dem Einhorn.

„Sieht aus wie Milchstraßenpuder", flüsterte ich vor mich hin und bestaunte das Schneetreiben vom Küchenfenster aus.

„Was meinst du?", fragte Oma Anni und blinzelte mich an. Sie schnitt Brot und bat mich um den Brotkorb.

„Meinst du, der Schnee bleibt liegen?", fragte ich statt einer Antwort.

„Das kann durchaus sein, wenn es so weiterschneit." Oma Anni holte das Tablett und füllte es mit Allerlei zum Frühstück. „Welche Marmelade soll ich nehmen?", wollte sie wissen und zeigte auf einige beschriftete Gläser.

Ich entschied mich für Erdbeermarmelade.

Wir saßen bereits am Frühstückstisch und überlegten, was wir heute machen wollten, als Tante Julia und Philipp dazukamen. Tante Julia sah ungewöhnlich schick aus. Sie war dezent geschminkt und ihr Parfüm zog sanft aber dominierend über den Tisch. Der Pullover mit goldenen Stickereien passte super zur schwarzen Lederhose.

„Was hast du vor, Schwesterherz?", entfuhr es meiner Mutter mit erstauntem Blick auf ihr Aussehen.

Tante Julia griff beherzt zum Brot und fing an, es zu bestreichen. Ohne jemand Bestimmten von uns anzusehen, erzählte sie uns, dass sie heute nach München fahren möchte, um sich mit Freunden zu treffen. Gegen Abend wäre sie wieder zurück. Es entstand kurz eine betretene Stille, doch keiner sagte etwas dazu. Ich sah die heimlichen Blicke meiner Eltern, und Opa Günther räusperte sich mehrmals.

So kam es, dass Tante Julia nach dem Frühstück mit dem Auto vom Hof fuhr und Philipp und ich ihr vom Balkon aus hinterherwinkten.

Die Wiesen waren bereits vom Schnee bedeckt, und ich ärgerte mich erneut über den Gipsschuh, auch wenn ich keine Schmerzen mehr im Fuß hatte. Wir sammelten den Schnee von der Brüstung und formten kleine weiße Kugeln.

„Waren wir gestern wirklich mit der Eule oben auf einem Gipfel?" Ich stellte die Frage - doch eigentlich wusste ich die Antwort.

Philipp hüpfte auf und ab. „Ja!" Er lachte mich dabei an. „Und wie toll, als du das Einhorn entdeckt hast. Sieh nur, Kim, der Schnee ist genauso weiß!"

„Voll!", entfuhr es mir fasziniert. Ich sah in den verschneiten Himmel, und gedanklich sah ich die Szene von gestern vor mir. Auf einmal wurden mir Philipps Worte bewusst. Philipp war doch unser Geschichtenerzähler und ich der Zuhörer! Er hatte das Fantasieloch, nicht ich. Wie konnte ich dann das Einhorn als Erste sehen?

„Du irrst dich", wendete ich mich ihm zu.

„Wie meinst du das?", fragte Philipp irritiert. „Na, das mit dem Einhorn. Ich war bestimmt nicht die Erste, die es entdeckt hat."

Philipps Zeigefinger bohrte sich in meine Backe. „Du hast mit dem Finger nach oben zur Milchstraße gezeigt, und dann haben wir versucht zu erkennen, was es ist", beteuerte Philipp.

Ich schüttelte den Kopf. Das konnte nicht sein.

„Ki-Phi!", erklang es hinter uns. Oma Anni winkte uns zur Balkontür. „Kommt mal und zieht euch was Warmes an, dann könnt ihr rausgehen."

Philipp schlüpfte froh und munter durch die Tür, und ich trottete gedankenverloren hinterher.

 156

Oma Anni berührte mich an den Schultern. „Na, mein Schatz? Wir finden bestimmt was für dich, damit du mit deinem Gipsschuh trotzdem den Winter genießen kannst."

Das liebte ich so an meiner Oma. Sie spürte, wenn etwas in uns vorging. Selbst wenn sie meinte zu erkennen, wo mich sprichwörtlich der Schuh drückte, versuchte sie uns zu zeigen, dass es für alles eine Lösung gab. Oma Anni packte meinen Gipsschuh in eine Plastiktüte und klebte sie gut zu. Dann war auch ich für draußen ausgerüstet.

Das Schneegestöber lockte meine Eltern zu uns in den Hof. Sie alberten wie kleine Kinder und bewarfen sich mit Schnee. Das sah kindisch aus und wir lachten über ihr Benehmen. Was ein Geschwisterchen auslösen konnte, selbst wenn es noch gar nicht geboren war.

Am Nachmittag lag bereits jede Menge Schnee. Meine Eltern beschlossen, mit Philipp zum Schlittenfahren zu gehen.

Ich blieb bei Oma Anni. Wir wollten malen.

Im Malatelier sah ich erst mal nach dem Igel. Er schlief, und ich deckte ihn wieder vorsichtig mit Stroh zu.

Oma Anni holte mir eine große quadratische Leinwand. Sie selbst wollte an ihrem Igelbild weitermalen.

„Praktisch, dass du einen Igel bei dir im Malatelier hast. Dann kannst du ihn immer wieder mal anschauen", meinte ich.

Oma lächelte. „Das ist eine gute Idee, Kim", stimmte sie mir zu.

Wir stellten uns Farben und Pinsel zurecht, und ich war ganz verrückt danach. Ich mochte all die Farben und roch so gern an den Tuben.

Oma Anni holte sich Braun, Grün, Orange, Weiß und Gelb und wunderte sich über meine Auswahl, die ich auf den Tisch legte. „Weißt du denn schon, was du malten möchtest?", fragte sie nach und staunte über meine kunterbunte Farbauswahl.

Ich hatte mir tatsächlich noch nicht überlegt, was ich malen könnte. Da schwirrte so einiges durch meinen Kopf. Was davon wollte auf die Leinwand?

Oma Anni zeigte auf den Papierstapel. „Brauchst du Papier zum Ausprobieren?"

„Philipp und ich haben gestern was ganz Tolles gemacht, als wir im Wohnzimmer spielten", begann ich und erzählte ihr von unserem Erlebnis.

„Das klingt wunderschön!", staunte Oma Anni und fand, dass wir zwei besonders fantasievolle Kinder seien.

„Oma, der Philipp sagt, er hat ein Fantasieloch", sprudelte es dann aus mir heraus.

Oma Anni runzelte die Stirn und meinte, von irgendwoher musste die Fantasie ja schließlich kommen. Ich erzählte ihr, dass Philipp sein Fantasieloch hinter dem linken Ohr habe, ich es aber nicht sehen könne.

Es gäbe genügend Dinge, die wir mit unseren Augen nicht sehen könnten und die dennoch existierten, erklärte mir Oma. Sie meinte auch, Philipp verfüge über eine reichhaltige Fantasie. Das sei eine Gabe, die nicht jeder habe.

Darüber musste ich nachdenken.

Oma Anni erzählte daraufhin von ihrem Lieblingstier, dem Igel, und warum ihr gerade dieses Tier so sehr am Herzen lag. Sie fühle sich dem Igel so eng verbunden, selbst in schwierigen Zeiten spende ihr der Anblick eines Igels Trost und Kraft.

Da verstand ich umso mehr die innige Verbindung von Philipp und Siga.

Oma Anni fragte mich nach meinem Lieblingstier. Hier musste ich nicht lange überlegen. Oma Anni lachte, weil es so spontan aus mir herausschoss.

Das war es auch, was ich malen wollte! Mich betrübte nur, dass ich dann all die Farben nicht verwenden konnte.

Doch auch hier hatte Oma eine geniale Idee: Sie ließ mich von jeder Farbe einen Klecks auf ein Tablett tropfen. Dann bat sie mich, mit dem Pinsel alles zu vermischen. Ich ahnte, was dabei herauskommen würde und staunte dennoch darüber. All die Farben wurden zu einer grauen Masse. Ich legte los und malte mein Lieblingstier auf die schneeweiße Leinwand. Ich konnte gar nicht mehr damit aufhören, bis es draußen dunkel wurde.

Wir hatten Hunger und die anderen kamen vom Schlittenfahren zurück.

Kurz vor dem Abendessen rief Tante Julia an. Sie würde über Nacht in München bleiben. Philipp fragte nicht weiter nach. An den Gesichtern der Erwachsenen meinte ich eine gewisse Ratlosigkeit zu erkennen. Das legte sich schnell wieder und wir erzählten uns gegenseitig unsere heutigen Erlebnisse.

Philipps Backen waren von der vielen frischen Luft knallrot, und seine Begeisterung über das Schlittenfahren war nicht zu übersehen. Er hatte Linus getroffen, zusammen mit einigen anderen Jungs, die wir vom Krippenspiel kannten. Florian, der Griesgram war nicht dabei.

„Da hat er vielleicht noch ein paar Probleme mit seinen gequetschten Fingern", meinte meine Mutter. „Vermutlich stört das mehr als dein angebrochener Mittelfußknochen."

Ich konnte nur mit den Augen rollen. Was interessierte mich dieser Typ? Schlimm genug, dass er mir ein weiteres Mal über den Weg gelaufen war. Ich erzählte schnell von meinem neuen Gemälde und lenkte gekonnt vom Thema ab.

Nach dem Tischabräumen drängte es uns ins Malatelier. Dicht gefolgt von meinen Eltern und Philipp, öffnete ich die Tür und schaltete das Licht an. Voller Bewunderung sahen sie auf mein Bild. Es zeigte einen Elefanten, der mit seinen kunterbunten Feldern im Gegensatz zu seinen Artgenossen wie ein geschmückter indischer Elefant aussah. Mit dem Stiel des Pinsels hatte ich verschiedene feine Muster und Mandalas in die noch nasse Farbe gezeichnet.

„Sagenhaft!", rief Opa, der mit Oma Anni nach-gekommen war und staunend im Türrahmen stand.

„Ich wusste schon immer, dass Kim eine Künstlerin ist."

Oma Anni strahlte mit mir um die Wette. „Künstler haben eben enorm viel Fantasie!", fügte sie bedeutungsvoll hinzu.

Alarm

KAPITEL 18

In Gefangenschaft der Wildschweinhorde zeigte sich der Waschbär klein und sprachlos. Keiner schaffte es, ihm auch nur einen Laut zu entlocken. Nach der anfänglichen Begeisterung, einen Eindringling erwischt zu haben, machte sich langsam Unmut unter den Wildschweinen breit. Atilla entsandte zunächst einige Späher, die sich auf die Suche nach den übrigen Waschbären machen sollten, auch wenn sie nicht genau wussten, um wie viele es sich handelte und wo sie suchen sollten. Von zwei großen Keilern bewacht, lag der Waschbär unterdessen gefangen im hohlen Baum und tat so, als würde er schlafen. Diese Tiere waren nicht nur frech, sondern schienen zudem sehr clever zu sein. Ein Plan musste her, das stand fest.

Gegen Mittag lichtete sich der Nebel, und die Sonne warf goldene Lichtstreifen zwischen die Bäume hindurch.

Lilo unterstützte die Späher und flog einige Runden. Sie achtete darauf, größeren Ästen und Bäumen nicht zu nahe zu kommen. Nicht noch einmal wollte sie zu engen Kontakt mit einem Waschbären riskieren. Doch die Vorsicht war unnötig, kein Waschbär war in Sicht. Selbst die Späher entdeckten nicht einen einzigen Waschbären und verloren die Lust. Müde und erschöpft legten sie sich in die Büsche und schliefen ein. Nach kurzer Zeit hallte von mehreren Seiten ein entspanntes Wildschweinschnarchen durch den Wald.

Lilo flog frustriert im Rückwärtsgang weiter und regte sich über diese großen Kolosse auf. Was für eine komische Gesellschaft! „Könnt ihr auch noch was anderes außer fressen und schlafen?", schrie sie ihnen entgegen. Die Antwort blieb aus, dafür entdeckte Lilo eine Grenze. Diese war ihr auf der Suche nach den Waschbären bisher gar nicht aufgefallen. Welche Welt wohl dahinter lag? Sie flog ganz nah heran und erschrak. Was zuerst aussah wie eine Falte, entpuppte sich bei näherer Betrachtung als Riss. Neugierig und gleichzeitig irritiert stierte sie darauf und versuchte zu erkennen, was das bedeuten könnte. Ein leichter Windstoß warf den Riss auf. Er sah aus wie ein Türspalt, der Lilo einen kurzen Blick in die andere Welt bot.

„Alarm!", schrie sie aus Leibeskräften und benutzte unbewusst das gleiche Wort wie die Wildschweine. „Alarm! So hört mich doch!" Lilo preschte im Eilflug an den schnarchenden Wildschweinen vorbei zur hohlen Eiche.

Siga entdeckte sie als Erster. „Hast du einen Waschbären gefunden?", rief er ihr entgegen.

Atilla und der Rest der Horde standen ebenso gleich bei Fuß.

Sie schüttelte erschöpft den Kopf und sank neben Siga zu Boden. „Viel schlimmer", japste sie. „Ich habe die Grenze zu einer anderen Welt entdeckt. Es ist eine Katastrophe!" Sie holte tief Luft und schüttelte sich, während alle anderen vor Spannung erstarrten. „Die Grenze hat einen Riss."

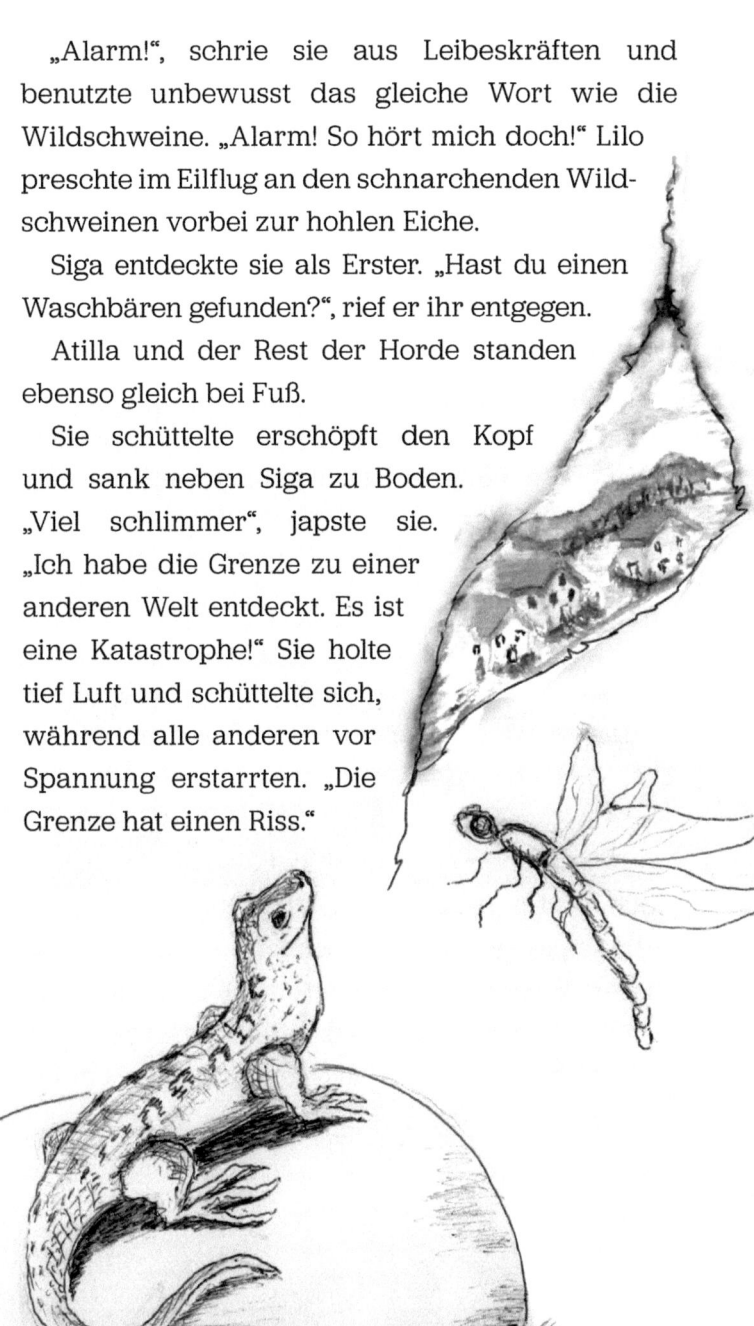

Atilla grunzte auf. „Das erklärt ja einiges. Dann wissen wir jetzt, woher die Waschbären gekommen sind und vielleicht auch, wohin unsere Freunde verschwunden sind."

„Es kommt noch viel schlimmer", hauchte Lilo und konnte sich nur schwer beruhigen. „In der anderen Welt herrscht Krieg. Ich sah menschliche Gestalten, die kämpften. Die einen trugen schwarze Kleidung, mit aufgemalten Waschbärenköpfen. Die anderen waren grün gekleidet. Ich konnte aber nicht erkennen, was dort aufgemalt war."

Das waren keine guten Nachrichten, schon gar nicht für einen friedvollen Wald. Es verschlug allen die Sprache. Allen, bis auf den Waschbären im hohlen Baum. Er lachte frech vor sich hin.

„Was gibt es da zu lachen?", schrie Atilla.

„Das werdet ihr schon noch sehen", antwortete der Waschbär und brummte vor sich hin. „Das Heer meiner Herrin wird die Rattenköpfe besiegen und dann kommt sie hierher. Es wird euch schon noch das Hören und Sehen vergehen."

Rattenköpfe, wie schrecklich! Atilla tobte bei diesen Worten und brüllte ein paar deftige Ausdrücke durch den Wald. „Deine Ausgangslage sieht nicht danach aus, dass du uns drohen kannst, Freundchen!", schnaubte er außer sich in den hohlen Baum.

Mathilda drückte sich durch die Menge und zog Atilla zur Seite. „Atilla, hör auf hier große Reden zu schwingen. Wir müssen etwas unternehmen", flüsterte sie.

„Ja, Mathilda, das musst du mir nicht sagen. Das weiß ich selbst", brüllte er aufgebracht zurück. Er hämmerte gegen den Baum. „Und du da drinnen kannst deiner Herrin gerne verraten, wo sie uns findet, falls du hier jemals wieder rauskommst!"

„Brauche ich nicht. Das haben meine Geschwister bereits getan", säuselte der Waschbär.

Stille. Einer sah fragend zum anderen. Atilla war wie zur Säule erstarrt.

„Dann bist du ganz allein im friedvollen Wald?", fragte Mathilda nach.

„Nicht mehr lange", hörten sie ihn sagen.

Wieder Stille.

„Ihr bleibt hier stehen und lasst den Waschbären bloß nicht raus", kommandierte Mathilda die Wächter. „Und du und ihr beide kommt mit mir", sagte sie und zeigte auf Atilla, Siga und Lilo.

Atilla war wie ausgewechselt. Jetzt war er am Jammern und Mathilda stupste ihn mehrmals in die Seite, bis er sich wieder beruhigte.

„Lilo, du zeigst uns den Riss, und wir werden dort sofort eine doppelte Wache patrouillieren lassen."

Lilo nickte.

„Und wie sollen wir das Heer seiner Herrin bitte schön aufhalten?", wollte Atilla wissen und war einem Nervenzusammenbruch nahe.

„Hoffentlich müssen wir das nicht", meinte Mathilda. „Wir brauchen eine Idee, wie der Riss repariert werden kann, und zwar sehr schnell" fügte sie hinzu und überlegte.

„Das könnte der alte Fuchs wissen", fiel Atilla ein.

„Wo finden wir den alten Fuchs?", wollte Siga wissen.

„Oben im Norden", meinte Mathilda. „Der Weg ist allerdings sehr steil und weit."

Lilo sah Siga an.

„Nein, Lilo, das machst du nicht allein."

„Das ist unsere einzige Chance. Sonst dauert es viel zu lange", meinte Lilo und zeigte sich entschlossen, alleine in den Norden zu starten.

„Wir werden gemeinsam zum Nordwind gehen. So haben wir das ausgemacht", protestierte Siga.

„Da muss ich der Kleinen leider recht geben. Es dauert zu lange, wenn ihr beide losgehen wollt", mischte sich Atilla ein.

Siga war gar nicht wohl dabei.

Selbst die Wildschweine duckten sich geknickt auf ihre Posten. Gegen Abend verabschiedete sich Lilo und machte sich auf die Reise.

Siga saß schweigend neben Atilla und Mathilda, die sich dicht aneinander gekuschelt gegenseitig trösteten und Mut zusprachen. Er kannte Lilo noch gar nicht lange, doch er hatte sie bereits sehr lieb gewonnen. Siga wurde nicht müde, selbst als die Dunkelheit über das Land zog, saß er immer noch am selben Fleck. Er musste auch an Philipp denken und welch eine schöne Freundschaft sie miteinander verband. *Warum nicht Philipp fragen?*, ging es ihm durch den Kopf. Vorher mussten sie unbedingt herausbekommen, um was für eine Welt es sich hinter dem Riss handelte und ob tatsächlich Tiere des friedvollen Walds durch den Riss durchgegangen waren. Er konnte sich nicht vorstellen, dass sie es freiwillig getan haben. Was war hier nur geschehen?

Lautlos landete neben ihm ein Vogel. Siga war so in Gedanken, dass er erschrocken zur Seite wich.

„Alles gut, Siga! Ich bin es, Akio die Eule."

„Guten Abend, Akio!", grüßte Siga die Eule. „Schön, dich hier zu treffen. Was führt dich hierher?"

„Hat Lilo dich bereits gefunden? Ich weiß, dass sie dich sucht", wollte Akio wissen.

Siga nickte und erzählte, was bisher geschah.

„Wie lange ist sie denn bereits unterwegs?", fragte Akio und setzte ein besorgtes Eulengesicht auf.

„Vor Anbruch der Dämmerung ist sie losgeflogen", meinte Siga. „Ich weiß, ich hätte sie nicht allein losziehen lassen sollen", fügte er leise hinzu.

Akio schüttelte sein Gefieder. „Wir werden sie einholen. Steig auf! Wir sollten keine Zeit verlieren."

Irritiert blickte Siga die Eule an. „Was meinst du mit *aufsteigen*?"

„Komm in mein Gefieder und krabbele bis zu meinem Hals. Da hältst du dich fest."

Voller Staunen krabbelte Siga der Eule bis zum Hals hoch. Dort war es warm und kuschelig.

„Alles klar?", fragte Akio nach.

„Bestens", rief Siga und konnte es kaum erwarten, dass es losging. Einen Flug erleben Eidechsen schließlich nicht jeden Tag.

Lästige Dinge und unerfüllte Wünsche

KAPITEL 19

Damit Philipp nicht allein schlafen musste, brachte Papa seine Bettsachen nach dem Abendessen in mein Zimmer. Wir wollten noch spielen, und im Wohnzimmer der Ferienwohnung waren immer noch die Tiere im Wald aufgebaut.

Oma Anni kam mit Philipps Medikamenten und dem Inhalator. „Macht doch mal den Tisch frei", bat sie uns.

Philipp ließ die Eidechsen zur Seite kriechen und stellte sie an der Tischkante auf. „Ihr könnt mir zusehen, wenn ich inhaliere."

Oma Anni lächelte vor sich hin. „Das dauert nicht lange und dann könnt ihr weiterspielen", versprach sie.

Philipp kannte die Prozedur zur Genüge und nickte beiläufig. Dann stellte er eine merkwürdige Frage: „Oma, sag mal, was hilft eigentlich bei einem Riss?"

Oma Anni sah ihn prüfend an. „Hast du dich etwa beim Schlittenfahren verletzt?"

„Nein", versicherte er ihr schnell, „Ich frag nur, weil du dich doch so gut auskennst."

Skeptisch drückte sie eine Tablette aus einem Verpackungsstreifen.

Auch ich wusste nicht, um was es ging, und beobachtete ihn neugierig.

„Wer hat sich wo verletzt?", fragte Oma Anni.

Philipp schluckte die Tablette rasch mit etwas Wasser hinunter. Hastig stellte er das Glas Wasser am Tisch ab und hob einen kleinen Stoffhasen vom Boden auf. „Was können wir ihm geben?"

„Ach so, der Hase hat sich verletzt", seufzte Oma Anni erleichtert. „Ich kann ein Pflaster holen", überlegte sie.

Philipp wollte sich damit nicht zufriedengeben. „Was gibt es sonst noch so?"

„Mhm", grübelte Oma Anni, „muss mal schauen. Bin gleich wieder da."

„Hab ich was nicht mitbekommen?" Fragend sah ich Philipp an.

„Siga braucht Hilfe", flüsterte er mir zu.

„Ach so." Ich verstand. „Wurde er wieder angegriffen?"

Philipp winkte ab. „Die Grenze im friedvollen Wald hat einen Riss."

Verblüfft sah ich ihn an. Wie kann eine Grenze einen Riss haben? Gedanklich schweiften meine Erinnerungen zu den Grenzübergängen, die ich aus unseren Urlauben kannte. Da waren eigentlich nur leere, heruntergekommene Kabinen, an denen wir vorbeikamen, und die Landschaft war jedes Mal die Gleiche, absolut unverändert. Ich nickte, um ihm meine Hilfe anzubieten, ohne auch nur die geringste Ahnung zu haben, um was es dabei ging. Bevor ich weiter nachhaken konnte, kam Oma Anni mit einem Verbandskasten zurück.

„Das Haltbarkeitsdatum ist zwar schon überschritten, aber es funktioniert alles noch", erklärte sie und stellte ihn auf dem Tisch ab. „Damit könnt ihr ganz gut eure kranken Tiere versorgen."

„Danke Oma", jubelte Philipp und stürzte sich gleich darauf.

„Erst inhalieren", mahnte Oma Anni und lachte. Sie freute sich über unsere schöne Beschäftigung und ließ uns dann wieder allein.

Ich saß am Boden neben dem großen Waldklappbuch, das wir als Kulisse benutzten, und verband den kleinen Hasen mit einer Mullbinde.

Philipp legte nach den ersten Atemzügen seine Maske wieder ab und stülpte sie dem nächstbesten Stofftier über den Kopf. „Ich glaub, das geht mit dem Zeug nicht." Skeptisch blickte er auf das Verbandsmaterial.

„Jetzt erzähl mal genauer", forderte ich ihn auf.

„Die Grenze ist eine Art Haut- oder Schutzschicht um den friedvollen Wald. Ungefähr so", erklärte er und deutete mit ausgestreckten Armen einen Kreis um sich herum an. „Und in dieser unsichtbaren Schicht gibt es einen Riss. Ich habe keine Ahnung, wie das passieren konnte."

Nachdenklich verbanden wir ein Tier nach dem anderen.

„Wie wäre es mit Nadel und Faden?", schlug ich vor und erinnerte mich an die Geschichte mit Peter Pan. Da nähte Wendy Peter Pans Schatten wieder an. Vielleicht könnte das mit dem Riss auch klappen. „Wie groß ist denn der Riss?"

„Ich weiß es nicht genau." Ratlos stand Philipp neben mir. „Hoffentlich fällt uns bald was ein."

Ich stand auf, nahm die Atemmaske und setzte sie mir auf.

„Du musst tief einatmen", erklärte mir Philipp. „Probier es ruhig mal aus, ist nur Kochsalz."

Es war ein eigenartiges Gefühl. Zum Glück musste ich das nicht regelmäßig machen. Etwas zu schnell nahm ich die Maske wieder ab. Dabei stieß ich gegen den Tisch und ein paar von den Eidechsen purzelten herunter.

Philipp hob zwei davon auf. „Achtung Angriff", rief er und wirbelte auf mich los.

„Gegenangriff", konterte ich und holte mir auch zwei Eidechsen. Wir tollten wild herum, kitzelten und neckten uns, bis es schepperte.

Der Inhalator lag am Boden.

Erschrocken griffen wir danach. „Hoffentlich ist er nicht kaputt gegangen", betete ich und begutachtete ihn genau.

Es sah ganz so aus, als wäre nichts weiter passiert.

Erleichtert stellten wir das Teil wieder auf den Tisch.

„Musst du nicht noch weiter inhalieren?", fragte ich nach.

Philipp zuckte mit den Schultern.

„Mach doch fertig", meinte ich noch, aber er wollte nicht mehr.

In dem Zimmer, in dem ich schlief, stand ein Stockbett.

Philipps Bettzeug lag oben.

Als wir schlafen gingen, stand er etwas verloren davor. „Ich mag das nicht", meinte er und deutete nach oben.

„Dann komm zu mir rein", lud ich ihn ins untere Bett ein. Es war zwar etwas eng, das Bett im Gästezimmer wäre größer, umziehen wollten wir aber nicht mehr. „Wieso magst du nicht oben schlafen?", wollte ich von ihm wissen.

Er zupfte verlegen an der Bettdecke. „Es gefällt mir nicht, wenn der Boden so weit weg ist und die Decke so nah."

Ich verstand. Wenn Philipp etwas nicht mochte, dann sagte er es auch, und ich fand, er konnte es im Gegensatz zu mir recht gut benennen. Mir gelang das in vielen Situationen eher selten. Ich mochte auch nicht gern oben schlafen und versuchte ihm eine ebenso gute Erklärung zu geben. „Ich habe Angst, nachts runterzufallen", gab ich ihm deswegen gegenüber ehrlich zu.

„Das ist Unsinn, Kim. Ist doch eine Umrandung dran", erklärte er schmunzelnd. Jetzt kam auch noch eine plausible Antwort von ihm.

„Hast du eigentlich keine Angst?", hakte ich ein bisschen gekränkt nach.

„Weiß nicht", überlegte er. Oft genug drehte sich sein Leben ums Kranksein. „Ich weiß es nicht. Ich kann nur sagen, wenn ich was nicht mag", gab er nach einer Weile zu.

„Wie geht´s dir zum Beispiel, wenn du beim Arzt bist?", wollte ich wissen.

„Gut", meinte Philipp, „die kümmern sich um mich und sind alle nett. Anders als im Kindergarten."

Ich war erleichtert, dass es ihm nicht schwerfiel, sich immer wieder untersuchen lassen zu müssen. Aber was war mit dem Kindergarten? Wieso gefiel es ihm dort nicht? Meine Zeit dort war sehr schön gewesen.

„Ständig muss ich irgendwas machen, voll langweilig und laut dort", erklärte er weiter. „Philipp mach dies, Philipp mach das, schneiden, ausmalen, weben, voll langweilige Spiele. Viel lieber will ich im Wald spielen. Geht halt nicht in der Stadt."

„Lange musst du nicht mehr hingehen", sagte ich zum Trost, aber bereits während ich sprach, merkte ich, dass ihm das nicht wirklich half.

„Ich will nicht in München zur Schule gehen", jammerte er.

„Was willst du dann?"

Philipp überlegte nur kurz. „Kannst du dich noch an die Wette im Krankenhaus in den Herbstferien erinnern?", fragte er mich.

Es fiel mir nicht gleich ein, aber er erklärte es mir. „Wir haben nicht um Schokoladeneis gewettet. Das hat Oma sich nur einfallen lassen", gestand Philipp. „Ich habe Oma einen ganz anderen Wettvorschlag gemacht."

Ich verstand gar nichts mehr. „Willst du überhaupt nicht in die Schule?"

Philipp war mit seinen fünf Jahren bereits ein kleines Genie. Er konnte spielend kurze Texte lesen und gut rechnen. Am Lernen konnte es unmöglich liegen.

„Ich will hier zur Schule, nicht in München", beteuerte Philipp. Es hörte sich an, als wäre es für ihn eine Selbstverständlichkeit, sich die Schule selbst aussuchen zu können.

„Das war auch unsere Wette. Wenn ich gewinne, dann darf ich hier zur Schule gehen."

Mir fiel die Streiterei mit Tante Julia wieder ein, und ich erinnerte mich an die Szene im Hof. Keine leichte Angelegenheit. „Was passt in München nicht?", wollte ich wissen. „Hast du die Schule schon einmal gesehen?"

Philipp rollte mit den Augen und zog genervt beide Hände über seine Augen. „Ja und den Hort haben wir auch schon besucht." Genauso wie ich, sollte er nach der Schule in den Hort gehen. „Ich mag da nicht hin. Dort gefällt es mir nicht", betonte er noch einmal.

Der Hallwicher Hof war für uns beide wie eine Heimat, dennoch würde mir nicht einfallen, hier zur Schule gehen zu wollen. „Glaubst du die Schule hier ist besser?", fragte ich ratlos. „Vielleicht schon", meinte Philipp nachdenklich. „Oma und Opa könnten mich nach der Schule abholen und nach den Hausaufgaben würde ich zum Spielen nach draußen gehen."

„Und was ist mit deiner Mutter und deinem Vater?"

Philipp ließ sich von meiner Fragerei nicht beirren. Für ihn gab es bereits eine Lösung. „Wir könnten hier wohnen. Ist doch genügend Platz. Opa arbeitet auch von hier aus und fährt ab und zu nach München. Das kann Mama auch so machen. Und Papa hat mir gesagt, dass er mich nie wieder allein lassen wird. Er hat es geschworen."

Aus Philipps Sicht sah alles ganz einfach aus. Ich bezweifelte jedoch, dass Tante Julia dem nachgeben würde. Er musste sich nur in der Schule eingewöhnen, dann würde es ihm bestimmt gefallen, schließlich war er ein schlaues Kerlchen. Diese Gedanken behielt ich aber für mich. Die Sache mit dem Schokoladeneis, das mir Oma Anni in den Herbstferien so großzügig ausgeteilt hatte, ebenso.

Beim alten Fuchs

KAPITEL 20

Lilo konnte schnell fliegen, wenn es sein musste. Während dem Flug überlegte sie, wie sie die Geschwindigkeit halten konnte, denn laut Mathildas Anweisungen würde sie die ganze Nacht unterwegs sein. Der Berg war leicht zu finden und die Richtung stimmte auch, das Bild der Kämpfer trieb sie zudem an. So schnell wie möglich musst der Riss geschlossen werden. Es war ihr sehr wichtig, diese Mission gut zu erfüllen. Sie musste sich jedoch eingestehen, dass sie bisher noch nie auf einen Berg geflogen war, noch dazu in einer Nacht. Der Nordwind pfiff ihr kalt und energisch entgegen. *Durchhalten! Du musst durchhalten*, sprach sie sich selbst Mut zu.

Schließlich musste sie eine Pause einlegen. Irgendetwas stimmte mit ihren Flügeln nicht. Sie fühlten sich schwer und steif an. Was sollte das jetzt? Lilo suchte sich einen geeigneten Platz und steuerte einen Grashalm auf einer Wiese an.

„Wer kommt denn da geschwind durch Nacht und Wind?", erklang von der Seite plötzlich eine Stimme und zwei lange Ohren erhoben sich aus der Wiese.

„Oh", sagte Lilo erstaunt und sah in ein Hasengesicht.

„Ich bin Aleppos, der Hase des Nordens", stellte er sich vor. „Was treibt dich des nachts hier auf die Wiese?", wollte der Hase wissen.

Lilo fiel auf einmal auch das Sprechen schwer. „... alter Fuchs ...", brachte sie mit Mühe nach einer Weile heraus. „Hilfe - dringend!"

„Dann muss es wohl sehr wichtig sein, wenn du zu dieser Stunde noch unterwegs bist. Du findest den alten Fuchs ganz oben auf dem Berg. Da brauchst du schon noch eine Weile. Sein Bau ist gut zu sehen."

Lilo wollte antworten, doch ihre Stimme versagte immer mehr. Ihre Arme und Beine ebenfalls. Sie saß wie festgeklebt auf dem Grashalm. „Ka-kann ni-nich-nichtt", brachte sie gerade noch heraus.

Aleppos sah sie fragend an und blieb noch eine Weile bei ihr stehen, doch Lilo war vollständig erstarrt.

„Gut", meinte der Hase, „wenn du nicht mehr reden willst, dann schlaf dich erst mal aus. Tschüss!" Und schon hoppelte er davon.

An Schlafen war nicht zu denken, Lilo konnte nicht mal mehr denken.

Akio die Eule kannte den Nordwind gut und wusste, wie kalt es dort sein würde. Für Libellen bedeutet das oben auf dem Berg absolute Lebensgefahr. Die Wildschweine konnten das nicht wissen, und Akio behielt diese Begebenheit lieber für sich. Dem Blick von Akio nach zu deuten, ahnte Siga, dass sie Lilo schnell finden mussten. Er saß im warmen Gefieder, und dort würden sie Lilo ebenfalls hineinstecken, sobald sie sie fanden. Hoffentlich bald.

Die Augen einer Eule sind exzellent bei Nacht. Akio flog langsam und hielt Ausschau nach Lilo. Systematisch flogen sie in kreisenden Schleifen den gesamten Berg nach Lilo ab. Selbst im warmen Gefieder nahm Siga die Kälte von außen wahr und fröstelte nicht nur deshalb. Er sorgte sich sehr um Lilo und machte sich Vorwürfe.

Erst kurz vor der Dämmerung kamen sie oben an. Die Öffnung des Fuchsbaus war schnell zu entdecken, doch der alte Fuchs schien unterwegs zu sein.

Der durchdringende Ruf der Eule lockte ihn schließlich aus dem Schatten einer Tanne.

„Bekomme ich etwa Besuch?", rief er Akio zu und freute sich, einen guten Freund anzutreffen.

„Ich habe noch einen Gast bei mir", raunte Akio. „Es ist Siga die Eidechse."

„Was führt euch zu mir?"

„Wir müssen Dringendes mit dir besprechen."

„So seid willkommen", sprach der alte Fuchs und lud sie in seinen warmen Bau ein.

Siga schlüpfte aus Akios Gefieder und begrüßte den alten Fuchs, dessen Name genau das versprach, was er war. Ein ergrauter, aber dennoch kräftiger Fuchs stand ihnen gegenüber.

„Habt Ihr zufällig eine Libelle gesehen?", fragte Siga sogleich.

„Eine Libelle? Hier?" Der alte Fuchs schüttelte sich. „Hier gibt es keine Libellen. Die halten die Kälte nicht aus", versicherte er ihm. „Du übrigens genauso wenig."

Akio räusperte sich. „Deswegen sind wir hier. Lilo die Libelle ist auf der Suche nach dir. Wir brauchen Hilfe. Sie hat einen Riss in der Grenze zur nächsten Welt entdeckt."

Erschreckende Neuigkeiten. Siga erkannte, dass seine Sorge um Lilo berechtigt war und auf den Gesichtern der beiden war gut zu erkennen, dass es sich bei dem Riss auch nicht um eine Kleinigkeit handelte. Er erzählte vom gefangenen

Waschbären und der Wildschweinwache am Riss der Grenze.

„Das klingt schon mal gut", meinte der alte Fuchs. Er holte einen Beutel, schüttelte ihn und leerte den Inhalt sogleich auf dem Boden aus.

Siga konnte nicht erkennen, um was es sich dabei handelte.

„Das sind die Knochen meiner Ahnen", erklärte der alte Fuchs. „Ich werde sie jetzt um Rat fragen."

Eine bedeutungsvolle Stille entstand, und alle drei blickten auf die Knochen, die vor ihnen auf dem Boden lagen. Still und stumm saßen sie da und warteten darauf, bis der alte Fuchs fertig war.

Er rekelte sich und sah die beiden entschlossen an. „Wir werden uns jetzt gemeinsam auf den Weg nach unten machen", meinte er.

„Was haben dir deine Ahnen geraten?", wollte Akio wissen.

„Schwierig zu erklären, aber machbar. So viel kann ich schon mal sagen: Wir sollten uns sofort auf den Weg machen. Alles weitere erkläre ich euch später. Eure Freundin treibt sich auch noch irgendwo da draußen rum. Vielleicht treffen wir sie unterwegs."

Das beruhigte Siga, und zusammen machten sie sich auf den Weg.

Der alte Fuchs sprang wie ein junger den Hang durch die Schlucht hinunter.

Akio nahm Siga wieder in sein Gefieder und beide hielten auf ihrem Flug Ausschau nach Lilo. Von ihr gab es allerdings immer noch keine Spur.

„So früh am Morgen, gibt es etwa Sorgen?", rief der Hase dem alten Fuchs entgegen und hüpfte ihm in den Weg.

„Meister Lampe", begrüßte er den Hasen, „auch noch unterwegs?"

Der Hase nickte „War gerade dabei, mich aufs Ohr zu hauen, doch unsereins braucht doch Unterhaltung. Wieso springst du hier herum, alter Geselle?" Aleppos erwartete ein kleines Pläuschchen.

Der alte Fuchs drehte sich jedoch nur kurz zu ihm um. „Schwierige Zeiten, Aleppos, ich kann mich jetzt nicht mit dir unterhalten, habe es eilig." Schon sprang er weiter.

„Schade", murmelte der Hase vor sich hin. „Keiner mag sich mit mir unterhalten. Abends die Libelle, jetzt der alte Fuchs."

Eulen können nachts nicht nur sehr gut sehen, ihr Gehör ist außerdem extrem fein ausgerichtet. Im Sturzflug flog Akio dem Hasen direkt vor die Füße.

Der schüttelte gerade noch missmutig über so wenig Unterhaltung seinen Kopf. „Himmel und Hölle, willst du mir etwa an die Wolle?", sprudelte es aus ihm heraus und er klopfte nervös mit den Hinterläufen auf die Erde.

„Hast du gerade Libelle gesagt?", fragte Akio ohne Umschweife.

„Sag mal, wie wäre es mal mit einer anständigen Begrüßung?", beschwerte sich Aleppos. Zu seiner Überraschung krabbelte Siga aus dem Gefieder.

„Gestatten, dass ist Akio die Eule und ich bin Siga die Eidechse. Wir suchen meine Freundin Lilo die Libelle. Hast du sie gesehen?"

Aleppos sah von einem zum anderen. „Wenn ihr die auf der Wiese meint? Sie begrüßte mich übrigens auch nicht, war sehr wortkarg, wenn ich das mal so sagen darf."

„Kannst du uns die Wiese zeigen?", fragte Akio nach.

„Sicher, kann ich das. Denke aber, eure Freundin ist nicht mehr da. Sie wollte hoch zum alten Fuchs." Aleppos hoppelte bereits im Reden los, und Siga kroch eilig wieder ins Gefieder, damit sie ihm folgen konnten.

„Aber komisch ist das schon. Der alte Fuchs ist ja gar nicht oben auf dem Berg. Der hatte es gerade recht eilig, ins Tal zu kommen", murmelte Aleppos weiter vor sich hin. Grübelnd stand er schließlich auf der Wiese und überlegte, an welcher Stelle er die Libelle gestern angetroffen hatte. Die Sonne war mittlerweile aufgegangen, und die ersten Grashalme glitzerten vom frischen Tau in der Sonne.

Aleppos tippte sich bereits zum wiederholten Male zwischen seine langen Ohren. „Wo war die Libelle gesessen? Wieso hab ich das nur vergessen?", grübelte er.

Da wurde es den anderen beiden zu dumm.

Siga glitt aus dem Gefieder.

„Lilo, wo bist du?", riefen beide und suchten verzweifelt den ganzen Hang ab.

Der Grashalm, auf dem Lilo nach wie vor festhing, lag noch im Schatten. Der Morgen brachte zum Glück Wärme mit, und Lilo spürte langsam ihre Lebensgeister wieder. Wie konnte es nur passieren, dass sie sich nicht mehr bewegen konnte? War der eisige Nordwind dafür verantwortlich? Sie konnte es nicht fassen, dass ihr so etwas passiert war, ausgerechnet jetzt. Da hörte sie jemanden ihren Namen rufen. Hilfe nahte. Sie versuchte zu antworten, doch ihre Stimme wollte ihr noch nicht wieder gehorchen. Dagegen fing ihr Herz wie wild an zu hämmern. *Bitte, bitte, findet mich!*, schrie es in ihr.

Silvester-knaller

KAPITEL 21

Oma Anni sah am nächsten Morgen prüfend auf den Inhalator. Irgendetwas stimmte damit nicht.

Philipp spielte zunächst den Unwissenden. „Du, Oma, der ist mir gestern mal runtergefallen", gab er dann aber ehrlich zu.

„Ich bin auch schuld, nicht nur Philipp."

„Aha", meinte Oma Anni und gab das Gerät an Opa Günther weiter. Sie vermutete wohl, dass der Verbandskasten gestern nicht gereicht hatte. „Habt ihr Blödsinn damit gemacht?"

Unsere Unschuldsminen sagten wohl das Gegenteil. Mist, das Ding war doch kaputt gegangen.

„Ihr wisst alle beide, wie wichtig es ist, dass Philipp zweimal am Tag inhaliert", ermahnte sie uns, mehr wurde darüber aber nicht gesprochen. Das kann ja mal passieren.

Opa Günther überprüfte das Gerät und kam zu dem Schluss, dass es wohl besser wäre, ein neues zu besorgen.

Meine Eltern boten an, zur Apotheke zu fahren und dort ihr Glück zu versuchen. Wir wollten dabei sein. Papa packte meinen Gipsschuh ordentlich ein und schon ging es los.

Es lag viel Matsch auf den Straßen und Wegen. Tauwetter war angesagt. Wir saßen jeder in seinem Kindersitz bei uns im Auto auf der Rücksitzbank. Philipp beugte sich zu mir rüber und wollte meine Hand. Ich hielt sie ihm entgegen, und er steckte mir etwas zu.

Erstaunt blickte ich darauf. Ein kleiner weißer Stein lag in meiner Hand. Ich sah ihn fragend an.

„Ist für dich." Er grinste mich an. „Für meine Lieblingscousine."

Ich grinste zurück. „Bis jetzt bin ich ja die einzige", gab ich zu bedenken.

„Wer weiß", meinte Philipp wieder mal nur.

Stimmt, er könnte vielleicht Cousins und Cousinen von Seiten seines Vaters haben, und mein Geschwisterchen war noch nicht geboren. Ich betrachtete den kleinen Stein. Er war ganz warm von Philipps Händen und fühlte sich ein bisschen rau an. An einer Seite hatte er eine Delle, da passte die Kuppe meines kleinen

Fingers rein. Ich hielt ihn in beiden Händen und spielte damit. Er erinnerte mich irgendwie an das Einhorn. „Wo hast du den Stein her?", wollte ich wissen.

Philipp grinste. „Der lag in meiner Waschtasche und war noch von Korsika da drin. Den wollte ich dir eigentlich gestern schon schenken, wegen dem Einhorn."

Ich musste über beides schmunzeln - einmal über die Tatsache, im tiefsten Winter einen Stein aus Korsika zu bekommen, und darüber, dass Philipp der Stein ebenfalls an das Einhorn erinnerte.

Papa suchte unterdessen nach einem Parkplatz und konnte direkt vor der Apotheke am Markplatz halten. Mama stiefelte mit dem defekten Inhalator davon, während wir alle im Auto sitzen blieben. Viele Leute waren an diesem Vormittag unterwegs, und in einer der Seitengassen wurden gerade die ersten Buden des Christkindlesmarkts abgebaut.

Philipp zeigte dorthin. „Sieh mal!" Er deutete auf die Arbeiter.

Darunter befand sich eine Gruppe von Kindern, die halfen, Waren aus einer Bude in einen Transporter zu tragen. *Eine-Welt-Laden* stand darauf. Ich erkannte unter den Kindern einige Jungs vom Krippenspiel.

Philipp wurde ganz aufgeregt. „Onkel Jo? Dürfen wir da mal rüber gehen?" Noch während er fragte, schnallte er sich bereits ab.

Irritiert drehte sich Papa um. „Wo wollt ihr denn hin?"

Philipp zeigte in die Gasse.

„Na, von mir aus", meinte Papa, nur ich wusste nicht so recht, ob ich auch mitgehen wollte. Papa stieg zwar mit aus, blieb aber am Auto und wartete auf Mama. Neugierig blickte er uns hinterher.

Philipp war zuerst recht flott in die Richtung unterwegs, drehte sich aber auf halber Strecke nach mir um. „Kommst du?", fragte er und winkte mich zu sich heran.

Ich humpelte lustlos mit meinem eingebundenen Gipsschuh auf ihn zu. In einer Hand hielt ich noch den Stein, den ich vorsichtshalber in meine Jackentasche wandern ließ. Dann entdeckte ich Linus und wusste, wieso es Philipp auf einmal so eilig hatte. Holger Ungemach, vom Krippenspiel am Heiligabend, befand sich ebenfalls unter den Erwachsenen. Als er uns erkannte, winkte er uns freudig entgegen. Bedauernd blickte er auf meinen Gipsschuh und redete mal wieder ohne Punkt und Komma auf mich ein, während Philipp sich an ihm vorbeimogelte und zu Linus eilte.

Letztendlich brachten wir die ganze Aufräum- und Abbauaktion zum Stillstand. Sie scharten sich um uns, und es gab ein lustiges Gequatsche.

Holger Ungemach schenkte jedem von uns zwei

Tafeln Fairtrade-Schokolade aus dem Eine-Welt-Laden, dessen Waren in der Bude am Christkindlesmarkt jedes Jahr verkauft werden, und meinte, sie wären ein kleines Dankeschön und eine Art Trostpflaster für meinen verletzten Fuß.

Meine Eltern gesellten sich dazu, und einer der Erwachsenen fand, jetzt fehle nur noch der Glühwein. Erwachsene werden öfter mal recht lustig, wenn sie Wein tranken, aber meine Eltern brauchten das nicht.

Entspannt fuhren wir wenig später wieder auf den Hallwicher Hof.

Mama hatte einen neuen Inhalator für Philipp und wir leckere Schokolade. Noch im Auto fingen wir an, daran zu knabbern. Die restliche Schokolade landete zunächst mit dem Stein in meinem Zimmer neben dem Stockbett.

Philipp schlief eine weitere Nacht bei mir, und Tante Julia war immer noch nicht aus München zurückgekehrt.

Die Erwachsenen tuschelten merkwürdig miteinander, und das hätte uns schon stutzig werden lassen müssen, doch wir waren zu beschäftigt.

Den gesamten restlichen Tag grübelten wir darüber nach, wie der Riss in der Grenze vom friedvollen Wald verschlossen werden könnte.

Sekundenkleber fiel uns ein. Doch wie sollte dieser in den friedvollen Wald gelangen? Und wer sollte den Riss verkleben? Was, wenn ein Tier dabei kleben blieb? Tesafilm, Fensterkitt, Window Colours, eine Heilsalbe und gar der Einsatz eines ganzen Fensterglases kamen uns noch in den Sinn. Wir überlegten weiter, aber wir kamen zu keinem wirklich guten Ergebnis.

Abends im Bett nahm ich den Stein aus Korsika in die Hand und rubbelte damit in der Luft herum. „Wegradieren müsste man den Riss", sagte ich, ohne groß darüber nachzudenken.

Philipp starrte auf den Stein und folgte meine Bewegungen. „Na klar!", rief er und strahlte nach einer Weile. „Kim, du bist so genial!" Er lachte mir erleichtert entgegen.

Ich fuhr weiter mit dem Stein durch die Luft. „Die Tiere könnten es mal mit Radieren versuchen. Vielleicht gibt es Zaubersteine im friedvollen Wald?", überlegte ich.

„Da weiß ich etwas viel besseres", gab Philipp geheimnisvoll von sich.

Am nächsten Morgen fragte Philipp das erste Mal von sich aus, wann seine Mama endlich wieder kommen würde.

Oma Anni zwinkerte ihm lustig zu. „Da könntest

du heute Glück haben", meinte sie und gab ihm einen Kuss auf die Stirn.

„Echt jetzt?", bohrte er nach. „Was macht sie denn so lange in München?"

„Das kannst du sie nachher selbst fragen", antwortete Opa Günther und zuckte anscheinend nichtsahnend mit den Schultern.

Die nächsten Stunden verbrachten wir in Omas Atelier mit dem Zubereiten von Vogelfutter. Wir formten Meisenknödel und füllten Blumentöpfe mit Kokosfett, Haferflocken, Nüssen und Hirse. Opa hatte neben der alten Mauer eine Vogelfutterstelle aus Holz gebaut. Und dafür brauchte er dringend Nachschub.

Wir waren gerade dabei, die Futterstelle sauber-zumachen, als Tante Julias Auto auf den Hof fuhr. *Endlich!*

Philipp rannte ihr freudig entgegen. Im Rennen erkannte er, dass seine Mutter nicht allein im Wagen saß. Tante Julia sprang ihm als Erste ent-gegen, und er warf sich ihr in die Arme. Dann stieg Onkel Harald langsam aus und stellte sich dazu. Verwundert hielt Philipp kurz inne, um ihm dann ebenfalls in die Arme zu fallen. Wir konnten nicht hören, was sie miteinander sprachen, aber drei sehr glücklich aussehenden Menschen dabei zusehen, wie sie mit wenig Gepäck ins Haus kamen. Philipp lief zwischen seinen Eltern und ging so leichten Schrittes, dass ich fast dachte, er würde schweben.

Onkel Harald stellte sein Gepäck nicht etwa in seinem Einzelzimmer ab, in dem er über Weihnachten geschlafen hatte. Er wohnte jetzt mit im Zimmer von Tante Julia und Philipp. Sie waren eine Familie geworden.

Die Stimmung im Haus war leicht und locker. Jeder wirkte irgendwie erleichtert und neugierig zugleich.

Ich beobachtete Philipp dabei, wie er immer wieder von seinem Vater zu seiner Mutter sah, als versuchte er einzuordnen, was sich während der letzten Tage zwischen den beiden verändert hatte. Erwachsene konnten schon sehr seltsam sein.

Oma Anni kochte für uns ein Festmahl, so sehr freute sie sich für die drei.

Mit viel Spaß suchten wir nach Ideen für den gemeinsamen Silvesterabend auf dem Hallwicher Hof. Es sollte ein großes Feuer auf der Terrasse geben und Fackeln für eine Nachtwanderung. Mama holte große Wunderkerzen aus dem Auto, damit wir um Mitternacht das neue Jahr damit begrüßen konnten.

Opa Günther meinte spät am Abend, dass

sein allerschönstes Weihnachtsgeschenk die Ankündigung eines neuen Enkelkindes und der absolute Silvesterknaller für ihn der Neubeginn für Philipps Eltern sei. Da brauchte es keine Raketen. Wir konnten darauf sowieso verzichten. Liebe, Gesundheit und Glück wären genau die Dinge im Leben, die man sich und seinen Liebsten von ganzem Herzen wünschte, meinte Oma Anni mit Tränen in den Augen.

Ich freute mich für Philipp und natürlich auch für Tante Julia und Onkel Harald. Wie in einer Dokumentation im Fernsehen sah ich meine Elefantenherde friedlich nebeneinander laufen und stellte fest: Der einsame Elefant war, wie Onkel Harald, in der Herde gelandet. Die kleinsten und jüngsten unter ihnen trabten in der Mitte und spielten mit ihren langen Rüsseln an den Schwänzen der erwachsenen Tiere. Da fiel mir ein: Ich könnte meinen gemalten indischen Elefanten in das neue Kinderzimmer hängen, welches Papa bald für mein Geschwisterchen herrichten wollte. *Keine schlechte Idee!*

Abschied und Neuanfang

KAPITEL 22

Der alte Fuchs bemerkte, dass ihm die Eidechse und die Eule nicht gefolgt waren. Er schnupperte in alle Himmelsrichtungen und lief ein Stück zurück.

„Oh, wen haben wir denn da?", entfuhr es ihm, als er plötzlich neben sich die kleine Gestalt am Grashalm entdeckte. „Hochverehrteste", grüßte er die Libelle und pflückte den Grashalm vorsichtig ab, an dem sie festklebte. Behutsam trug er den Halm samt der Libelle im Maul und legte sie auf der Sonnenseite der Wiese ab. „Das dauert jetzt einen kleinen Moment, bis sich der Tau löst", beruhigte er Lilo, die ihn entsetzt anstarrte.

Akio, Siga und Aleppos kamen bereits auf ihn zu.

„Hier ist eure Libelle", rief er ihnen triumphierend entgegen.

„Lilo, meine Freundin", wisperte Siga erleichtert.

Andächtig starrten sie einige Minuten auf Lilo, bis die Sonne den Libellenkörper vom Tau allmählich befreite. Langsam fing sie an sich zu bewegen.

„Kommt die Sonne auf den Tau, wird die Libelle wieder schlau", dichtete Aleppos nebenbei.

Doch Lilo wetterte vor sich hin und probierte sogleich sich zu putzen. „Was starrt ihr mich so an", krächzte sie pampig in die Runde. „Genug jetzt!" Ihre Stimme klang rau.

„Genau, auf gehts, kleine Libelle! Zeig uns die Stelle mit dem Riss", flüsterte der Fuchs und drehte sich zum Gehen um.

Lilo wollte ihre Flügel benutzen, doch diese gehorchten ihr nicht. Verzweifelt keuchte sie vor sich hin. Selbst Arme und Beine fühlten sich noch steif an.

„Wir sollten keine Zeit verlieren", meinte Akio und forderte Lilo auf, in sein Gefieder zu klettern.

Verwirrt hielt Lilo inne und ließ sich von Siga zeigen, wie sie unter die Federn der Eule krabbeln konnte. Steif und unbeholfen kroch sie ihm nach.

Aleppos der Hase sah entgeistert von einem zum anderen. „Ihr macht mir wirklich Schiss. Was redet ihr da von einem Riss?", fragte er und sah verdutzt zu, wie sie davonflogen.

Der alte Fuchs setzte sich ebenso in Bewegung.

„Und überhaupt: Wie wäre es mit einer anständigen Verabschiedung?", schimpfte er ihnen aufgebracht nach.

Atilla schnaubte währenddessen nervös vor sich hin, trotz einer ruhigen Nacht ohne große Vorkommnisse.

Der Waschbär steckte nach wie vor im hohlen Baum, und von dessen Geschwistern und der sogenannten Herrin war weit und breit nichts zu sehen.

Diese Ruhe fühlte sich für Atilla allerdings trügerisch an. Es konnte jederzeit jemand von der anderen Seite der Grenze in den friedvollen Wald eindringen, und er wusste nicht, was er dann tun sollte. Zudem war die Grenze nur für Grenzgänger sichtbar. Die Wache glotzte somit lediglich auf eine Stelle zwischen zwei unscheinbaren Büschen. Sie zweifelten langsam an der Geschichte der kleinen Libelle.

Atilla und Mathilda mussten sie mehrmals beschwichtigen und durchwechseln. Er wollte sich jetzt nicht länger über die einfältige und disziplinlose Art seiner Artgenossen aufregen. Darum würde er sich ein anderes Mal kümmern müssen. Zum Glück stellte sich Mathilda als eine praktische Helferin heraus. Atilla musste sich eingestehen, dass dies ein beruhigendes Gefühl in ihm auslöste. Doch dieser Gedanke versetzte ihm bereits den nächsten Schrecken. Erleichtert sah er den alten Fuchs auf sie zukommen und verdrängte seine düsteren Gedanken. Eine Eule folg ebenfalls heran und setzte sich direkt neben ihn. Verwundert sah er Siga und Lilo aus deren Gefieder krabbeln.

„Meine Freunde", jubelte er. „Ihr habt es geschafft!"

Sie begrüßten sich gegenseitig, und Siga erzählte, wie es ihnen beim Nordwind ergangen war.

Mathilda bedauerte zutiefst, nicht gewusst zu haben, dass Kälte Libellen so dermaßen zusetzen würde.

„Welch ein Segen, dass der Nordwind bereits im unteren Teil des Berges so kräftig blies", beschwichtigte sie der alte Fuchs.

Besorgt begutachteten sie Lilos Flügel. Zum Glück war äußerlich alles in Ordnung.

Akio setzte Lilo auf einem Zweig in der Sonne ab.

Von dort zeigte sie auf die Stelle mit dem Riss.

„Ich kann ihn gut erkennen", bestätigte Akio, der sich ebenfalls als Grenzgänger zu erkennen gab.

Sosehr die anderen ihre Augen auch anstrengten, konnten sie doch nichts weiter als nur zwei Büsche entdecken.

Akios Worte dagegen wirbelten die Gemüter zusehends auf.

„Dann soll doch die Eule den Riss bewachen!", rief ein Wildschwein ehrfürchtig. „Die sieht wenigstens was!"

Der alte Fuchs trat nach vorne. Seine Haltung war aufrecht und seine Stimme klang stark und kräftig durch die Reihen. „Sorgt euch nicht, ich habe einen Plan."

Verheißungsvolle Worte lockten Atilla heran, und er kam dem alten Fuchs näher als er beabsichtigte. „Dann lass mal hören, alter Geselle!"

Lilos Körper frohlockte unterdessen in der Sonne. Sie lebte, und ihre Flügel sahen makellos aus. Im Sonnenlicht strahlten sie in Regenbogenfarben, und es fehlten weder Arme noch Beine. Schwindelig von all den Ereignissen versuchte sie diese Wut und Ohnmacht loszuwerden, die in ihr aufgekeimt war. Der alte Fuchs war vom Berg gekommen, und das war die Hauptsache. Jetzt musste sie nur warten, bis ihre Flügel wieder funktionierten, und die Sonne tat ihr Bestes dazu. Mit Blick Richtung Riss erinnerte sie sich, was dahinter verborgen lag. Erneut stieg die Unruhe in ihr auf. *Nicht gut, gar nicht gut,* dröhnte es in ihrem Kopf.

Der friedvolle Wald war kein Ort für Krieg, und so sollte es auch bleiben. Frieden war die Nahrung für alle, die hier lebten. Sie überlegte, welche Welt sich hinter dem Riss wohl verbarg. Ganz in ihre Gedanken vertieft, bemerkte sie gar nicht, was sich alles unter ihr abspielte. Erst als sie Akio über die Grenze fliegen sah, fuhr sie erschrocken auf. War das nicht gefährlich? Vorsichtig versuchte sie ihre Flügel wieder zu bewegen, und diesmal klappte es. Sie konnte wieder fliegen. Was für eine Freude! Das war ein paar Loopings wert.

„Bravo", rief ihr Siga von unten zu. „Bravo, meine Liebe!"

Sie ließ sich freudig neben ihm nieder und lachte ihm erleichtert entgegen. „Was macht Akio in der anderen Welt", fragte sie besorgt nach.

„Er sieht sich um und sucht nach den fehlenden Tieren", erzählte Siga.

Sie blieben zusammen sitzen und warteten gespannt, wann sich Richtung Grenze und Riss etwas bewegen würde. Mit der Zeit scharten sich immer mehr Tiere, die davon gehört hatten, um die beiden. Die Stimmung änderte sich laufend.

Am späten Nachmittag bewegte sich der Riss erstmals.

„Alarm!", schrien die Wächter ängstlich.

Atilla wirbelte donnernd herbei.

Ein Hirsch zwängte sich durch den Spalt.

„Ihr Tölpel, das ist doch Arietes! Er gehört zu uns", brüllte er in die Runde.

Arietes verneigte sich feierlich und bedankte sich für die Hilfe.

Jubel erklang aus allen Richtungen und begrüßte den Hirsch.

Avella die Haselmaus und Rimo der Biber kamen schüchtern hinterher.

Über ihnen flog Akio. Sein Ruf drang beruhigend durchs ganze Tal.

Mittlerweile versammelten sich noch mehr Tiere des friedvollen Walds und blickten andächtig auf die Heimkehrenden.

Es entstand eine friedvolle Stille.

Der Riss hob sich erneut an und zwei Kaninchen, eine Kröte sowie ein Dachs schlüpften hindurch.

„Willkommen zu Hause", posaunte Atilla.

Das befreiende Gefühl löste wahre Freude bei den Tieren aus.

Akio war es nicht nur gelungen, die Tiere des friedvollen Walds zu rufen, sondern sie auch wieder zurückzubringen. Es wurde getanzt, gesungen und gelacht.

„Wo ist Mabi?", fragte Mathilda nach einer Weile.

Das Eichhörnchen war nicht in der Menge zu sehen.

Mathilda brüllte die Frage nochmals laut in die Menge. Nach und nach verstummte das Freudenkonzert, und alle sahen gespannt zu Akio.

„Mabi wollte bleiben", erklärte er mit sanfter Stimme. „Sie ist sehr glücklich in der anderen Welt."

Die Tiere wisperten und zischelten vor Aufregung durcheinander.

„Was ist das eigentlich für eine Welt da drüben?", rief Mathilda laut in die Menge.

Akio setzte gerade an zu antworten, da kam der alte Fuchs stolz und erhaben angelaufen und fiel ihm ins Wort. „Es ist die Welt der Märchen", gab er wissend zu. Auf seinem Rücken lag der Waschbär. Er schlief tief und fest und bemerkte nicht, dass er getragen wurde. Eine ordentliche Gabe Mohn war dafür verantwortlich. Seine Gier nach Futter ließ ihn unachtsam werden. Der alte Fuchs bewegte sich Richtung Riss und legte den Waschbären davor ab.

„Tja meine Lieben, dieser Riss soll heute verschlossen werden, damit keiner mehr ohne sein Wissen und Zutun in einer anderen Welt landen muss. Dankt Akio der Eule für eure Rückkehr, die euch sonst versagt gewesen wäre. Denn auch von der anderen Seite ist der Riss nicht zu bemerken." Bedeutungsvoll blickte er in die Runde. „Außer man hat ihn selbst verursacht." Bei diesen Worten hielt sogar die kleinste Maus erschrocken inne. „Im Land der Märchen gibt es genügend Zauberer und Hexen, die sich dieser Macht bewusst sind", verschärfte der alte Fuchs seine Rede gekonnt.

Atilla drückte sich durch die Menge und gesellte sich neben den alten Fuchs. Seine Hauer blitzten weiß im Sonnenlicht. Erhaben fuhr er mit der Rede fort: „Dieser Riss, verehrte Herrschaften, wurde eindeutig von der anderen Seite verursacht. Daran besteht kein Zweifel. Doch mit Hilfe eines Menschenfreundes werden wir den Riss heute verschließen."

Erneut zischelte und wisperte es aufgeregt unter den Tieren.

Siga trat bescheiden neben die beiden. Die kleine Eidechse löste trotz ihrer Körpergröße ein andächtiges Staunen aus. „Mein Freund Philipp hat die Lösung, wie wir den Riss schließen können. Hilfe ist bereits unterwegs."

Neugierig blickten sich die Tiere um.

Der Fuchs packte sich den schlafenden Waschbären erneut auf seinen Rücken. „Machts gut, Freunde", rief er und trat auf den Riss zu.

Fassungslos blickte Siga den alten Fuchs an. „Soll das etwa heißen, du bleibst drüben?"

„So ist es", beteuerte er. „Das ist meine Bestimmung, und glaube mir, kleine Eidechse, das ist nicht die schlechteste. In der Welt der Märchen bin ich als der alte Fuchs bestens bekannt. Ich habe dort eine gute Zeit vor mir." Er lächelte weise und blinzelte schelmisch.

„Was passiert, wenn der Waschbär alles erzählt und sich an die Stelle mit dem Riss erinnert?", überlegte Atilla.

„Der Mohn macht nicht nur schläfrig, sondern auch vergesslich", beschwichtigte ihn der alte Fuchs. „Er wird sich nicht einmal mehr an euch und an sein Gefängnis im hohlen Baum erinnern. Wenn er Pech hat, erinnert er sich nicht mal mehr an seine Geschwister und seine Herrin. Selber schuld, wenn man alles so wahllos in sich hineinschaufelt", meinte er gelassen.

„Und was ist mit den Geschwistern und der sogenannten Herrin?", fragte Mathilda nach.

„Ganz einfach! Den Riss wird es nicht mehr geben, und somit haben sie keine Chance mehr, zu euch zu gelangen", versicherte der alte Fuchs und tastete sich nach vorn. „Habe die Ehre", grüßte er und machte sich auf den Weg durch den Riss.

Auf ein Zeichen von Siga streckte Akio seine Flügel und erhob sich zum Flug. Die Tiere blickten staunend von der Stelle zwischen den beiden Büschen, wo der alte Fuchs gerade verschwunden war, nach oben. Akio kreiste in Schleifen über der Grenze.

„Akio zeigt Gaffron dem Einhorn, wo sich der Riss befindet. Es wird mit seinem Horn den Riss verschließen können."

Es war Nacht geworden, und wie Siga den Tieren vorausgesagt hatte, strahlten die Sterne bereits am Himmelszelt, als sich von oben langsam eine helle Lichtgestalt näherte.

Für die Tiere war es die erste Begegnung mit einem Einhorn. Es landete direkt vor den zwei Büschen und strahlte in einem wunderschönen leuchtenden Weiß, wie es niemals zuvor im friedvollen Wald gesehen wurde. Beeindruckend neigte es sein schneckenartig gewundenes Horn mit seiner Spitze.

„Seid gegrüßt, ihr Tiere des friedvollen Walds", sprach es mit liebevoller Stimme. „Es ist mir eine Freude, euch helfen zu können."

Es war wunderschön anzuschauen und weckte in jedem den Mut und das Vertrauen, dass alles gut werden wird.

Mathilda liefen vor Rührung sogar Tränen übers Gesicht, und sie drückte sich ganz nah an Atilla. Der zuckte zuerst zusammen, doch dann drückte er sie ebenfalls, ganz egal, ob es irgendjemand bemerkte oder nicht.

„Mein Name ist Gaffron", stellte sich das Einhorn vor. Seine blauen Augen entdeckten Siga, der ihm erwartungsvoll zublinzelte.

Ergriffen sahen die Tiere zu, wie sich Gaffron daraufhin umdrehte und sein Horn zwischen die Büsche in die Luft reckte. Als es den oberen Rand des Risses berührte, leuchtete dieser wie ein goldener Stern. Langsam glitt das Horn schließlich den gesamten Riss bis nach unten und hinterließ seine Spur.

In der Dunkelheit wurde für alle eine goldene Linie sichtbar, und jeder konnte nun den Riss deutlich erkennen.

Als das Einhorn fertig war, drehte es sich spielerisch im Kreis. Schweif und Mähne flogen dabei wie Silberstreifen in der Nacht. Zufrieden blieb es schließlich stehen. „Der Riss ist nun versiegelt." Voller Freude stieg es für einen Moment auf die Hinterbeine. „Sobald das Gold verblasst und ihr nichts mehr davon erkennen könnt, ist eure Grenze wieder völlig unversehrt.", erklärte Gaffron. „Ebenso mache ich das auch auf der anderen Seite."

Wie eine endlos lange Zeit kam es den Tieren vor, die schweigend warteten, bis das Einhorn auch dort fertig war. Sie blickten abwechselnd von dem sichtbar gewordenen goldfarbenen Riss in Richtung Himmel, wo Gaffron schließlich wieder verschwand.

Der goldene Riss fing langsam an zu verblassen, bis er ebenfalls nicht mehr zu sehen war.

Die Mission war geglückt. Der Frieden blieb im Wald und bei den Tieren, und keiner musste mehr fürchten, in einer anderen Welt zu landen oder von einem fremden Tier angegriffen zu werden.

Noch lange würden sich die Tiere im friedvollen Wald an dieses besondere Ereignis erinnern.

Lilo die Libelle und Siga die Eidechse waren in aller Munde. Ebenso die Geschichte des Menschenkindes mit dem Fantasieloch. Auch wenn die schönsten Erinnerungen irgendwann einmal verblassten, der Frieden blieb in diesem Wald erhalten. Er breitete sich sogar über die Grenzen hinweg aus. So wie sich manche Freundschaften über die Grenzen hinaus immer wieder finden, ob mit oder ohne Fantasieloch.

Der Wind zeigte ihnen den Weg.

Epilog

I. DAS BESTE ZUM SCHLUSS

Philipp krabbelte in der Silvesternacht wieder zu mir ins Bett. Wir waren überhaupt nicht müde, obwohl es bereits nach Mitternacht war. Unsere Haare rochen nach Schwarzpulver, und unsere Wangen glühten. Das Zähneputzen ließen wir ausfallen, dafür knabberten wir ein wenig Fairtrade-Schokolade, die noch neben meinem Bett lag.

„Das Beste kommt zum Schluss", flüsterte Philipp mir ins Ohr, das es kitzelte.

Ich wusste sofort, was er damit meinte. Wir hatten noch nicht wirklich Zeit gehabt, uns darüber auszutauschen.

„Der Riss ist behoben, oder?", murmelte ich und leckte mir einige Krümel von den Händen.

Zufrieden blickte Philipp mich an. „Dank unserer Hilfe haben sie es geschafft."

Ich klatschte in die Hände und freute mich so sehr über den tollen Einfall, das Einhorn zu bitten, den

Riss in der Grenze zu schließen. Ich sah es wieder ganz deutlich vor mir, und ein Schauer überkam mich. Einhörner sind einfach fabelhafte Wesen und tun viel Gutes.

„Es heißt Gaffron", verriet mir Philipp und erzählte mir ganz genau, was im friedvollen Wald geschehen war.

Siga hatte ihn gestern besucht, als er in der Badewanne saß, und ihm alles erzählt. Wie witzig, ich sah es direkt vor mir: Philipp plantschte im Wasser und Siga lümmelte am Badewannenrand.

„Weißt du eigentlich, dass ich schon viel vom alten Fuchs gehört habe?", fiel mir ein. „In der Schule hatten wir mal ein Märchen über ein Pferd und einen Fuchs. Da hat der Fuchs dem Pferd geholfen, einen Löwen einzufangen." Ich erzählte Philipp das Märchen, zumindest so viel ich noch davon wusste.

Philipp hörte zu und dann wollte er noch einiges über meine Schule wissen.

„Du, mein Papa hat mir gesagt, dass es in München eine Schule gibt, die er sich gern mal mit Mama und mir anschauen möchte", sagte er. „Da kann man sich die Schulfächer aussuchen und verschiedene Gruppen besuchen. Weil ich schon so gut lesen und rechnen kann, wäre das eine gute Sache für mich, meinte er."

Ich konnte mir keine Fächer aussuchen, saß immer am gleichen Platz und hatte immer dieselbe

Lehrerin. Ich zuckte mit den Schultern. „Was ist das denn für eine Schule?"

„Sie heißt Montessori. Das ist der Name von einer Frau, hat Papa erzählt. Maria Montessori, glaube ich. Die hat das erfunden."

Maria war ein schöner Name, aber ich verband den erst mal mit meiner schlechten Erfahrung als Maria beim Krippenspiel und sah nicht so begeistert drein.

Philipps Blick blieb jedoch fröhlich. „Ich will mir das mal ansehen. Papa hat erzählt, da gibt es ganz viel zu entdecken und wenn ich möchte, dann wollen sie mich dort anmelden. Mama ist auch dafür, aber nur wenn ich will."

Das waren doch mal gute Neuigkeiten.

So rückte Philipp erst mal von seinem eigens geschmiedeten Plan mit der Schule ab und würde dann doch in München zur Schule gehen.

Ich nickte zufrieden und freute mich, dass Philipp mitbestimmen durfte. Als wären das nicht schon genug gute Nachrichten, erzählte er sogar von einem Waldkindergarten, den er mit viel Glück für die Dauer seiner restlichen Kindergartenzeit besuchen durfte. Was für tolle Ideen sich augenblicklich auftaten. Wirklich erstaunlich. Das war genau das, was ihm entsprach und wie für Philipp gemacht.

Siga wird das bestimmt auch gut gefallen.

II. DER ZURÜCKGEBLIEBENE SCHUPP

Ein Lied zog über die Wiese des friedvollen Walds und sorgte für gute Laune. Beschaulich verbreitete es der Nordwind über das Tal.

„Wer hoppelt so fein und singt ein Lied, dass es mir bis in den Magen zieht?"

Abrupt hörte das Singen auf und zwei lange Ohren stellten sich kerzengerade über das Gras auf.

„Wer reimt da außer mir? Komm und zeig dich hier!", rief Aleppos und guckte neugierig, aber vorsichtig über den Rand der Wiese. Er konnte niemanden sehen.

„Ich hoffe, du bist nicht außer dir, in dieser Welt reim ich mit dir."

Aleppos fand sofort Gefallen daran. Seine Ohren flogen in alle Richtungen, er konnte aber weit und breit niemanden entdecken.

„So sieh doch mal nach oben, dann werde ich dich loben", hörte er schließlich den Unbekannten rufen und sein Blick ging sogleich zum nächststehenden Baum.

Auf einem dicken Ast saß der Unbekannte und kam ihm irgendwie bekannt vor. Zuletzt hatte er so ein Tier auf dem Rücken des alten Fuchses gesehen. Mit einem Satz duckte er sich ins hohe Gras und fing augenblicklich an zu zittern. Wie konnte das sein? Der alte Fuchs hatte den schlafenden Waschbären doch durch den Riss mitgenommen.

Der Unbekannte beobachtete Aleppos und blieb ebenso reglos sitzen. Nach einer endlos langen Weile redeten beide gleichzeitig los. Keiner verstand den anderen. Da hielten beide still.

Aleppos blickte scheu nach oben und der Unbekannte neugierig nach unten.

Der zweite Versuch endete genauso, sie babbelten wieder gleichzeitig los. Das hörte sich recht lustig an.

Aleppos Zittern wollte gar nicht mehr aufhören. Angst und Schrecken mischten sich mit ein klein wenig Kichern.

„Ich duck mich in dem hohen Gras und wünsch mir, du erzählst mir was, doch höre nix, nur Firlefix", meinte er mit zittriger Stimme.

Der Unbekannte kletterte langsam herunter und kam näher.

Aleppos traute seinen Augen nicht. Der pelzige Kerl mit seinem schwarzweiß gestreiften Schwanz und seinem spitzen Gesicht streckte ihm seine schwarzen Pfoten entgegen.

Aleppos Schneidezähne schlugen aufeinander, während die Hinterläufe wie wild auf den Boden klopften, die Ohren dicht an seinem Körper.

„Hallo, ich bin der Schupp."

„Du bist ein Waschbär! Kann das sein?"

„Was nicht ist, das kann noch werden, doch als Waschbär bin ich, soweit ich weiß, auf Erden", plapperte der kleine Schupp munter drauf los und sah recht zufrieden an sich hinunter.

Aleppos fehlte mit einem Mal die Sprache.

„Nun kannst du weder denken noch lenken", stellte der Schupp fest. „Musst dich nicht weiter sorgen, ich bleibe zwar auch morgen, doch werde ich nicht morden."

„Was suchst du dann im friedvollen Wald, wenn du mich nicht willst machen kalt?"

Der Schupp prustete bei dieser komischen Frage drauf los, dass es Aleppos selbst komisch vorkam. Wieso sollte er vor diesem kleinen Waschbär eigentlich Angst haben? Lächerlich, einfach lächerlich. Sie lachten sich gegenseitig aus und an und kicherten grundlos weiter über die Wiese, bis sie genug davon hatten und sich gegenseitig beschnüffelten.

So erzählte der Schupp seine Geschichte und Aleppos hörte ihm aufmerksam zu.

Im Land der Märchen lebte einst eine Herzogin in einem hoheitlichen Schloss. In diesem Schloss gab es einen wunderschönen Park, und weil die Herzogin Waschbären so niedlich fand, hielt sie dort eine Waschbärenfamilie gefangen. Sie erzog sie zu flegelhaften Wesen, die sie nachts auf Diebesstreifzüge nach draußen schickte und die nur Unfug im Schilde führten.

Der Schupp war von den nächtlichen Diebesgängen bisher verschont geblieben, denn wenn er auch stets versuchte sein Bestes zu geben, so wurde er doch immer nur als der Dumme bezeichnet. Nichts wollte ihm gelingen, womit er sich das Lob der Herzogin hätte verdienen können und von seinen Geschwistern wurde er nur ausgelacht.

Unweit des Schlosses befanden sich drei verzauberte Tannen. Wer den Bäumen zu nahe kam, der verschwand auf wunderliche Art und ward nie wieder gesehen. Ein Spielmann überbrachte der Herzogin eines Tages für eine angemessene Bezahlung das Geheimnis der drei Tannen. Wer durch die drei Bäume wandle, würde in einer anderen Welt auftauchen. Diese Welt wollte die Herzogin unbedingt erobern. So schmiedete sie einen Plan.

Dazu holte die Herzogin sich eines Nachts einen Waschbären und schickte ihn zum Ausspähen durch die drei Tannen. Er kam jedoch nicht wieder zurück. Einige Zeit später wurde der nächste Bruder geholt und kam ebenso nicht wieder. Das ging eine Weile, bis der Schupp an der Reihe war. Die Herzogin versprach ihm die leckersten Fische und ein extra Zimmer in ihrem Schloss, nur für ihn allein, wenn er es schaffen würde, seine Geschwister wieder zurückzuholen.

Das wollte der Schupp versprechen und wurde zu einer großen Wiese gebracht, auf der die drei Tannen standen. Die Soldaten der Herzogin verschwanden hingegen, so schnell sie konnten, von diesem unheimlichen Ort.

Der Schupp fürchtete sich aber nicht und half sich mit einem Trick: Er besorgte sich kleine

Kieselsteine und ließ sie in kurzen Abständen fallen, während er durch die Bäume ging. Plötzlich wurde alles grau, und als er sich umdrehte, waren die drei Bäume verschwunden. Das musste die Welt hinter den Bäumen sein, von denen die Herzogin sprach. Die Steine aber zeigten ihm den Weg, auf dem er gegangen war und der zwischen zwei Büschen endete. Er prägte sich die Stelle gut ein. Vorsichtig blickte er sich in alle Himmelsrichtungen um. Selbst die Sonne hatte ihre Farbe verloren. Irgendwann spürte er jedoch eine merkwürdige Ruhe und Gelassenheit. Dieses Gefühl war ihm fremd, das kannte er gar nicht, und zuerst machte es den Schupp einfach nur traurig. Was ist das nur für eine Welt? Er fühlte sich leer und verlassen. Irritiert machte er sich auf die Suche nach seinen Geschwistern.

Auf einmal entdeckte er einen zarten Farbtupfer in all dem Grau. Eine kleine Blume strahlte ihm am Wegesrand entgegen. Der Schupp trat vorsichtig näher und schnüffelte daran. Es kam ihm vor, als lächele die Blume ihn an, und er lächelte schüchtern zurück. Ein Eichhörnchen hatte ihn dabei beobachtet und winkte ihm fröhlich zu. Wenig später stand er vor einem kleinen Teich. Er sah sein Spiegelbild auf der Wasseroberfläche und grinste sich selbst in sein sorgloses, spitzes

Gesicht. Immer mehr freute sich der Schupp über seine Entdeckungen und streunte munter weiter und weiter. Alle Tiere, die ihm begegneten waren, waren freundlich und friedlich, genauso wie in seinen Träumen. Sollte sein Traum etwa Wirklichkeit werden?

Eines Tages war der Wald wieder voller Farbe, und auch die Sonne stand strahlend gelb am Himmel. An diesem Tag fand er endlich auch seine Geschwister. Sie spielten auf Bäumen. Als er näher kam, sah er, wie sie ein Wildschwein mit Eicheln bewarfen und unschöne Dinge zu ihm sagten. Mit Entsetzen stellte er fest, wie gemein sie doch waren. Er schämte sich für seine Geschwister und wusste doch keinen Ausweg. Das Wildschwein zog schreiend davon und die Brüder lachten so garstig, dass sich die Äste bogen.

Was staunten sie, als sie den Schupp entdeckten, und umso mehr, als er ihnen den Weg zurück zeigen konnte. Der Älteste von ihnen machte den Vorschlag, nicht alle auf einmal zurückzukehren. Zwei sollten bleiben und den *Durchgang* bewachen. Der Schupp bot sich freiwillig an, und der Zweite musste ausgelost werden. Dieser hatte aber nur Blödsinn im Kopf, und der Schupp saß nachdenklich daneben. Als des nachts ein Gewitter aufzog, sprang der Schupp vor Furcht kreuz und quer herum und suchte sich schnell ein Versteck in einem großen Eichenbaum.

Am nächsten Morgen konnte der Schupp von seinem Versteck aus das Schauspiel mitansehen, wie sein Bruder gefangen genommen wurde und in einem hohlen Baum landete. Er beobachtete die Wildschweine, die Eidechse und die Libelle. Später kamen die Eule und der Fuchs dazu. Lange saß er dort oben und überlegte, was zu tun wäre. Ihm wollte nichts Gescheites einfallen. Als der Fuchs seinen Bruder mitnahm, winkte er ihm zum Abschied nach, auch wenn der Schlafende ihn nicht sehen konnte. Immer mehr Tiere versammelten sich und seine Aufregung war groß, als das Einhorn mitten in der Nacht den Weg endgültig verschloss. Das Schicksal hatte sich entschieden. Er sollte im friedvollen Wald bleiben. Heimlich schloss er sich den Tieren an, die sich alle wieder auf den Heimweg machten, auch wenn er zunächst nicht wusste, wohin ihn sein Weg führen würde.

„Nun bist du hier bei mir, ich gratuliere dir!", reimte ihm Aleppos freudig entgegen. Ausgelassen kullerten beide quer über die Wiese.

Spät am Abend zogen sie den Berg nach oben und quartierten sich im frei gewordenen Fuchsbau ein. Da war gemütlich Platz für zwei.

Die Geschichte vom Schupp, wie er in den friedvollen Wald gekommen war, verbreitete Aleppos in alle Richtungen, damit keiner sich mehr vor dem Schupp fürchten musste.

So lebten sie ein Leben lang in Frieden und Freundschaft.

Über die Autorin

Sabine Kneitz, Jahrgang 1966, ist gelernte Erzieherin und Heilpraktikerin. Mit viel Liebe und Hingabe führt sie eine Praxis für Homöopathie und Lebensfreude und mag ihre Arbeit in der Kita. Dabei begeistert sie immer wieder mit Geschichten, die sie am liebsten frei erzählt, vorspielt und schreibt. Sie ist verheiratet, Mutter von vier erwachsenen Kindern und lebt zusammen mit ihrem Mann und Hund Benny in Ansbach.

Über den Illustrator

Kenneth Bird, Jahrgang 1960, ist freischaffender Künstler. Schon seit seiner Kindheit begeistert er Menschen mit Zeichnungen und kreativen Arbeiten. Er arbeitet gerne mit unterschiedlichen Materialien und lässt inspirierende Kunstwerke entstehen. Das macht er noch heute als Heilerziehungspfleger während seiner Arbeit bei Menschen mit Behinderung (Schädelhirntrauma). Er ist verheiratet, Vater von zwei erwachsenen Töchtern und hat zwei Enkelkinder. Der gebürtige Amerikaner lebt mit seiner Frau in Neuendettelsau.